企业级共享

数字化时代的绿色发展之路

莫开伟　李庆植◎著

电子工业出版社·
Publishing House of Electronics Industry
北京·BEIJING

政策强力加持，企业级共享经济将迎来春天

在信息大爆炸时代，每时每刻都孕育着新的产业经济模式或商业形态，社会经济发展的参与主体也日趋多样，在新技术和新思维的助力下，经济盛开出绚丽多彩的"产业之花"。

企业级共享经济正是在新的时代背景下产生的新产物。长期以来，科技一直是人类社会向前发展的最直接推力，在新需求的牵引下，新兴的经济业态不断形成，如租赁经济、分享经济、共享经济。随着时间的推移，共享经济的更高版本——企业级共享经济，已经悄然出现，并开始显现出强大威力。尤其在新冠肺炎疫情爆发之后，很多面临生存压力的企业为了降低成本，提高闲置资源的利用率，开始寻找新出路，共享员工由此诞生，并受到社会的高度关注。

事实上，共享员工只是企业级共享的一种最为简单的模式。真正的企业级共享涵盖面极广，涉及企业的绝大多数资源，并且有许多不同的共享方式。在企业级共享中，企业之间暂时将闲置的设备、员工、技术、渠道等资源通过共享的方式，让渡给其他企业使用，以提高企业闲置资源的利用率，减少企业资源占用成本，提高企业经营管理效益。其核心理念是"利用闲置资源创造价值"。

本书有五大亮点：

➤ 扩大了可用于共享的闲置资源的范围。闲置资源不再是人、财、物，而是企业的绝大多数资源，包括空间资源、物品资源、人力资源、资本资源、供应资源、服务资源、市场资源和知识资源。

➤ 增加了共享的模式。不只是以"付费"为交易形式的单向资源共享，还包括双向资源共享及多方参与的资源共享，同时梳理了当前流行的四种特殊的共享模式。

➤ 解释了如何在更加安全或者说风险最小的情况下，实现闲置资源共享。

➤ 提出了全新的企业级共享平台设计理念，以闲置资源共享为目的，以利用闲置资源创造价值为核心。

➤ 畅想了企业级共享平台的应用范围，可分别按照不同资源、不同行业、不同共享模式和不同地区打造不同类型的企业级共享平台。

企业级共享对当下的中国具有重要的现实意义：一是大量中小微企业实力有限，资源短缺的问题较严重，如果能够通过共享的方式，把不同企业的闲置资源利用起来，就可以大大减少中小微企业季节性用工、设备老化、技术力量不足等问题，降低经营成本，同时降低对环境的污染；二是我国有上千万家企业，部分大型企业闲置资源规模较大，亟须通过某种机制或平台，将暂时闲置的资源让渡给有需要的企业，为自身带来一定的收益，提高企业资源的利用率；三是我国企业拥有大量技术熟练的员工，他们的劳动并不总是满负荷的，经常有被闲置不用的时候，同样需要通过某种机制或平台，获得更多收益。这种灵活的就业方式，除了丰富就业形式、提升劳动者的价值，也将改变企业的用工思路，并为解决社会就业问题提供新的途径。

从全球范围来看，企业级共享也有较大的市场需求和机会。经济发达国家的企业有大量的闲置资源，但劳动力不足；经济欠发达国家的企业有数量庞大的闲置劳动力资源，但缺少先进的设备和技术。由此，不同国家的企业级共享，市场前景广阔。

客观来说，企业级共享是一种新的经济现象，需要有先行者进行大胆探索和实践。而现实情况是，无论在我国，还是在其他国家，企业级共享经济目前都处在萌芽状态，尚未出现成熟的大型平台。企业级共享经济本身也面临不少问题，例如，如何规避风险、如何科学监管等一系列问题，不仅需要企业、个人、政府等多方参与主体进行充分讨论，还需要相关政策引领和规范企业级共享经济的发展。

令人激动的是，曙光已经出现了。2020 年 7 月 15 日，国家发展和改革委员会、工业和信息化部、人力资源和社会保障部等 13 个部委，联合发布《关于支持新业态新模式健康发展 激活消费市场带动扩大就业的意见》（简称《意见》）。《意见》强调，要打造共享生产新动力，推动形成高质量的生产服务要素供给新体系；鼓励企业开放平台资源，共享实验验证环境、仿真模拟等技术平台，充分挖掘闲置存量资源的应用潜力；鼓励公有云资源共享，引导企业将生产流程等向云上迁移，提高云资源利用率；鼓励制造业企业探索共享制造的商业模式和适用场景，促进生产设备、农用机械、建筑施工机械等生产工具共享。

这份极为重要的《意见》，充分表明了新时代我国经济发展的趋势和当前存在的问题，为企业级共享经济的发展提供了战略指引。

本书的两位作者，一直致力于宏观经济政策、企业管理、经济新业态等方面的理论研究和实践，对国家政策、市场变化和经济趋势，有着独到的观察和预判。

　　作者对企业级共享经济的研究可能并不完善，也有不成熟之处，但可以肯定的是，本书所做的研究，是一种有益探索。如今，新冠肺炎疫情仍在全球蔓延，各国经济都遭遇冲击，大部分企业的日子不太好过。面对新情况和新形势，相关各方应群策群力，将企业级共享经济放在重要位置进行深入研究，不断丰富和完善企业级共享经济的理论体系和商业模式，让这种新的经济业态获得健康发展，发挥更大的作用。我相信，在政策的强力加持下，企业级共享经济必将迎来春天！

盘和林

中南财经政法大学数字经济研究院执行院长、教授

企业级共享经济，
万亿级市场将启

对很多人来说，资源闲置已经司空见惯，所以对其视而不见，没有意识到闲置的资源是可以被利用的。将闲置资源进行再利用，在经济和非经济方面实现收益，是我们不断地挖掘、提炼和探索有关企业级共享经济的主要目的。

企业级共享经济是企业之间共享闲置资源+互联网平台的经济模式。事实上，前者在小范围的企业之间已经大量存在，后者则在多个领域内都有成熟和成功的先例。我们试图将二者结合在一起进行观察，对这种新的商业模式进行深入剖析。

必须承认，我们并没有发展企业级共享经济的丰富实践经验。毕竟，截至目前，市场上还没有一个真正成熟或成功的企业级共享平台可供参考。但我们已经在小范围内促成了一些小规模的资源共享事例，每一个事例都展现了它应有的价值。我们仔细研究这些为数不多的事例，就像 200 多年前亚当·斯密研究别针的二十几道工序一样，希望可以从中找出实现企业级共享的途径。我们也搜罗了一些闲置资源共享的实例，同时深入观察了不少成功或失败的企业级共享平台，从中汲取了经验和教训，再结合一些经济管理知识、逻辑推理甚至大胆的想象，勾画出了企业级共享的全貌。

在本书的创作过程中，为了让读者对企业级共享经济有更直观的了解，我们穿插了两条线：第一条线，让读者了解什么是闲置资源及如何利用闲置资源创造价值；第二条线，为企业级共享平台绘制一幅蓝图。这两条线相辅相成，互为补充，如果在这两方面都能让读者受益，我们将深感荣幸。

本书第一章从近年盛行的共享经济出发，主要介绍了企业级共享经济的基本概念和现状；第二章侧重介绍了资源、闲置资源及如何发现并利用闲置资源；第三章介绍了企业级共享的 7 种模式，包括 3 种基本模式和 4 种特殊模式；第四章介绍了企业之间如何实现闲置资源的共享；第五章从可行性的角度，提出了构建企业级共享平台的基础模块和框架；第六章从宏观层面探讨了企业级共享经济实现的有效路径和可能遇到的阻碍，合理引导企业级共享经济健康发展，并对其发展做出展望。本书谈到了企业级共享的两大价值、8 种闲置资源、19个应用场景和 7 种共享模式，本书基本架构如图 0-1 所示。

利用闲置资源创造价值是从两个方向同时进行的。一个方向来自资源供给方（拥有方），通过让渡闲置资源获取回报；另一个方向来自资源需求方（使用方），通过使用他人的闲置资源创造价值。本书既注重理论，也强调实用性，共有 15 个涉及不同资源、不同行业的资源共享案例和 4 个综合案例。我们认为，在当前新冠肺炎疫情深度影响全球经济的大背景下，共享闲置资源对于在激烈的市场竞争中，时刻面对生死存亡考验的中小微企业意义重大。

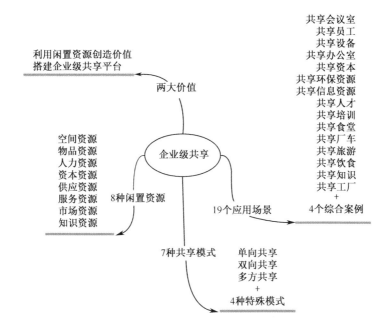

利用闲置资源创造价值
搭建企业级共享平台

两大价值

空间资源
物品资源
人力资源
资本资源
供应资源
服务资源
市场资源
知识资源

企业级共享

8种闲置资源

共享会议室
共享员工
共享设备
共享办公室
共享资本
共享环保资源
共享信息资源
共享人才
共享培训
共享食堂
共享厂车
共享旅游
共享饮食
共享知识
共享工厂
+
4个综合案例

19个应用场景

7种共享模式

单向共享
双向共享
多方共享
+
4种特殊模式

图 0-1　本书基本架构

　　我们在本书中所探讨的是一种新的可能和机会。在创作过程中，我们偶尔会觉得有些异想天开，但转念一想，很多伟大的发明和创造，不正是在异想天开中迸发出来的吗？加上已经有不少敢想敢干的人，为我们打开了希望之门，我们只不过是伸出手，将这扇微微开启的门奋力推了一把。或许，这一推，将开启一扇亿万元级市场的大门。

　　我们诚挚地邀请读者，一起进入这个蕴藏着无限惊喜的宝库！

　　本书是实践、理论、想象力和创造力相结合的产物，错漏之处在所难免，如有不足，敬请读者谅解，并及时告知我们，以便在再版时进行修正。

目录

○

第一章

看政策：企业级共享
经济的春天到来

◉

　　在新冠肺炎疫情期间，一则共享员工的新闻被央视报道后，迅速引起社会各界的高度关注。在特殊的环境下，不少面临生存压力的中小微企业和个人，从共享员工这一新的模式中，看到了降低成本、增加收入的新希望。

　　从企业管理者角度，借由共享员工这一现象，他们看到了一片新蓝海——企业级共享经济。事实上，面向个人的共享经济早已出现，如滴滴打车、共享雨伞等。那么，作为一种刚刚兴起的新型商业模式，企业之间的资源共享，会为我们带来哪些惊喜和机会呢？请跟随我们的笔触，一起来揭开企业级共享经济的神秘面纱。

第一节
溯源：资源闲置与共享谁主沉浮

近几年，共享经济一词十分流行，这一新的经济形态，也给人们的生活带来了极大的便利。目前，人们经常谈到的共享经济，绝大多数产品或服务都是面向个体消费者的。就共享经济的原始概念来说，人们谈到的共享都不是真正意义上的共享。

共享经济的前提是闲置资源，而共享单车、共享充电宝、共享办公空间等形态，只不过是一种更廉价的租赁经济。随着时间的推移，共享经济的概念和内涵在当前已经被大大拓展了。

本节先讨论共享经济的基本概念，这些概念是后文讨论企业级共享经济的基础。

一、共享经济的两种概念

（一）原始概念

共享经济是指拥有闲置资源的机构或个人，将资源使用权有偿让渡给他人，让渡者获取回报，使用者通过使用闲置资源创造价值。这是共享经济最原始的概念。

"共享经济"这个术语最早由美国得克萨斯州立大学社会学教授马科斯·费尔逊（Marcus Felson）和伊利诺伊大学社会学教授琼·斯潘思

（Joe L. Spaeth）于 1978 年在一篇论文中提出。

这个原始概念的提出，源自一个共享工具的案例。

皮特打算购买一套价值 500 美元的工具来修剪自家的花园，但他的妻子认为不是每天都会使用工具，购买一套并不划算，也没有必要。而他的邻居迈克恰好有一套这样的工具，经常处于闲置状态。于是，皮特的妻子建议皮特向迈克借用这套工具，每次使用都支付一定的费用。迈克接受了这个建议，并制订了一个合理的价格。

通过这个简单的案例，我们非常容易将其中出现的人和物代入共享经济的原始概念之中。

事实上，资源共享早已存在，且无处不在，但早期的资源共享基本局限在狭小的范围内且只存在于熟人之间。由于这些局限性，资源共享一直没有形成规模经济。直到 2007 年，美国爱彼迎公司（Air Bed and Breakfast，Airbnb）建立了一个简单的网站 Airbnb，利用闲置资源创造价值，这一新型商业模式才进入人们的视野。2010 年 10 月，美国的优步科技公司（Uber Technologies, Inc.，Uber），在旧金山正式推出第一版共乘应用软件 Uber Black，规模化、大范围的共享正式出现。

与传统的经济模式不同，共享经济建立在以信息技术为基础的共享平台之上。共享经济的平台是联系供需双方的纽带，类似于小范围资源共享模式下的"熟人"，通过更为广泛的途径使陌生人之间也能进行资源共享。换句话说，没有共享平台作为支撑，就不可能实现规模化的共享经济。

（二）扩展概念

由于受到一些客观条件的限制，能够被用于共享的闲置资源种类实在太少，于是，有人将共享经济的概念扩展开来。

扩展之后的共享经济，一般是指以获得一定报酬为主要目的，在于陌生人之间且存在物品使用权暂时转移现象的一种新的经济模式。

这个概念是现有的许多共享模式的理论基础，共享单车、共享雨伞、共享充电宝等都是依据这个扩展概念而产生的。

目前，我国的共享经济形态，除了北京小桔科技有限公司旗下滴滴出行平台（简称滴滴出行）的兼职网约车和顺风车，其他绝大多数都不是原始概念下的共享，而是扩展概念下的共享。即便放眼全球，也只有以 Uber 为主的共享出行和以 Airbnb 为主的共享住宿才是原始概念下的共享。

在共享的扩展概念下，资源是否处于闲置状态已经不重要了，大家更关注的是资源的共享。不过，已有许多风险投资者和经济学者从诸多失败的共享模式中认识到，扩展概念下的共享经济其实就是廉价的租赁经济，并非真正意义上的共享经济。我们之所以说扩展概念而不说广义概念，原因就是如此。

利用闲置资源进行资源共享的真正意义，是我们在共享经济尤其是在企业之间的共享经济——企业级共享经济中，首先考虑的要素。

本书中谈到的企业级共享，都是从原始概念出发的共享经济，即利用企业现有的闲置资源创造价值。

二、认清闲置资源

在共享经济的原始概念中，闲置资源是第一要素，也是最关键的要素，它是资源供给方和资源需求方实现资源共享的基础。

关于共享经济的闲置资源，要想彻底解释清楚并不容易，因为它有两种解释：一种是处于未使用状态的资源，另一种是闲着不用的资源，非常容易混淆。下面我们用实例来说明。

以 Airbnb 为例，该公司最初整合、利用的是暂时闲置的房屋，然后将其出租给有需要的人，而不是主人一直不使用的、长期处于闲置状态的房屋。前者是真正的共享经济，后者类似于租赁。

再以滴滴出行为例，它目前有全职网约车、兼职网约车、顺风车和代驾四种模式。全职网约车与出租车区别不大；代驾司机尽管利用了自己的闲置时间，但提供的更像是一种兼职服务，而不是共享；兼职网约车与顺风车则与以上两种不同。兼职网约车主要指司机在完成本职工作后，利用自己的空闲时间和闲置车辆，为他人提供服务，从而获取回报。在这里，有空闲时间的司机和车辆都是闲置资源；顺风车主要指去往某地的司机，利用中途空出来的座位为他提供服务，而空出来的座位属于闲置资源，如果车子坐满了，司机就无法在途中顺带捎人。

我们在乘坐长途大巴车时，经常会看到一些托运的小件物品，也属于闲置资源共享。

再回到共享工具的例子。迈克的工具本是买给自己用的，他并非靠出租工具赚钱。但当他不使用工具的时候，将其暂借给邻居使用，并不妨碍他之后继续使用自己的工具，暂借可以为他带来一些收益，而邻居皮特也通过共享工具节省了一笔开支。

结合这些例子，共享经济原始概念下的闲置资源可以理解为：该资源原本为个人或组织自身使用，在没有被使用或占用时，即为闲置资源。

认清闲置资源是了解共享经济的第一步。鉴于本书的主题是深度解析企业级共享经济，因此后面的章节谈到的闲置资源，都是以为企业自身服务为主的闲置资源，既不是长期闲置不用的资源，也不是专门买来用于租赁的资源。

我们之所以要非常明确地区分什么才是共享经济下的闲置资源，主要是为了说明一点：只有从真正的共享入手，只有以整合、利用企业真正的闲置资源为切入点，才能对企业级共享经济有准确的认识，相关行业人士才能更好地掌握其中的运行规律，找到新的发展机会。

三、共享经济的本质

共享经济的本质是整合线下的闲置资源（闲置物品或服务者），供给方以较低价格将其提供给需求方。对于供给方来说，通过在特定时间内让渡物品的使用权或提供服务，来获得一定的经济回报；对需求方而言，其不直接拥有物品的所有权，而是通过租、借等共享的方式使用物品，并支付一定的费用。

在上面这段话中，共有六个关键词，包括闲置资源、较低价格、特定时间、使用权、所有权、让渡。除了闲置资源，其他几个关键词需要进行特别说明。

（一）较低价格

较低价格是指使用闲置资源时所支付的报酬，其意义体现在两个方面。

一方面，需求方付出的价格低于市场上同类产品的正常价格。例如，滴滴出行的网约车价格明显低于出租车的价格，而顺风车的价格又明显低于网约车的价格。

另一方面，供给方得到的收益低于闲置资源为自身服务时所能创造的价值。如果供给方能以更高的价格出借闲置资源，将会产生一些类似租赁的经济行为。关于这点，在后文介绍企业级共享时会有更详细的说明。

相较于其他经济模式，较低价格是共享模式的核心优势。

（二）特定时间

特定时间是指资源处于闲置状态的时间，这是资源用于共享时的一个限制条件。

兼职网约车、顺风车都有特定的使用时间。兼职网约车利用的是司机正常工作时间之外的时间，顺风车的特定时间是司机从出发地到目的地的时间。全职网约车不受时间限制，所以我们不认为其属于共享经济。

企业的闲置资源由于种类繁多，特定时间并没有明显界限。这是企业级共享经济的一个不同之处，我们会在第二章探讨闲置资源时做详细阐述。

（三）所有权、使用权和让渡

所有权是指所有人依法对自己的财产所享有的占有、使用、收益和处置的权利。在共享经济模式下，所有权已经变得不再重要了，供给方将自己拥有的资源让渡给他人使用，需求方通过对资源的有条件使用，满足自己的需求。

使用权是相对于所有权而言的，指不改变财产的所有权而依法加以利用的权利，通常由所有权人行使，但也可依法律、政策或所有权人之意愿而转移给他人。

所谓让渡，就是权利人将自己有形或无形的权利，通过一定的方式，全部或部分以有偿或无偿的方式转让给他人所有或占有，或让他人行使相应权利。

对于拥有资源所有权的一方而言，在共享经济模式下，让渡闲置资源的使用权，可以实现更大的经济价值。

可以看出，共享经济从两个方面创造价值：一方面，供给方利用闲置资源获得收益；另一方面，需求方以较低成本获得资源，满足自己的需求。

四、共享经济、租赁经济和分享经济

（一）共享经济与租赁经济

近几年，一些火热的共享模式已被专业的风险投资者揭开了面纱，那些打着共享旗号的租赁经济最终露出了本来面目。

对此，一些经济学家和风险投资者曾详细地讲过共享经济与租赁经济的区别。例如，松禾远望基金的合伙人田鸿飞认为：共享经济应该去盘活闲置资源，有偿与他人分享，从而提升社会资源的利用率。反观共享单车和共享充电宝，都是在人为制造新的资产和新的需求，其收取押金和使用费的方式，与人们去景点游玩时租用电动车在本质上并无区别。

田鸿飞还从企业级共享平台、业务模型、资产、网络效应和市场趋势5个维度，分析了共享经济和租赁经济之间的差异。

不过，也有人认为，扩展概念下的资源共享也属于共享经济，重点在于共享而不在于闲置资源。还有人认为，不要拘泥于概念，可以把扩展概念下的共享经济称为共享经济的2.0版。很显然，这些说法其实都是偷换概念，如果此类说法成立，那么所有的经济型酒店都属于共享经济。

截至2020年6月底，在个人消费领域，除了私家车和个人住房，其他共享经济模式并不多。即使有，也只在小范围内存在，并没有形成规模。

曾经有人尝试共享名画，以有偿的方式从名画收藏者手中借出名画，再将其出租给有需要的人，从中赚取差价。但这种模式，还未开始就已"胎死腹中"。究其具体原因，大家在看完第四章第一节之后，即可了解为什么共享名画很难实现。

值得注意的是，高收入者将自己闲置不用的私人飞机有偿让渡给有需要的人这一行为，更符合闲置资源共享的特征。

（二）分享经济

近年来，除了共享经济和租赁经济，还有一个新概念：分享经济。分享经济与共享经济看似接近，常常被混为一谈，但其实二者概念完全不同。

通俗来说，分享经济是指个人、组织或企业，通过社会化平台分享闲置、分散的实物资源或认知盈余，以低于专业组织者的边际成本提供服务并获得收入的经济现象。分享经济的特征是分享共赢、建立连接、可持续性发展，本质是通过社交、组群互动使产品得到价值的共赢。

分享经济是一种创新的商业模式，本质上是消费者通过分享获益，可以简单地概括为"自用省钱+分享赚钱"的模式。同时，分享经济还提供了一种新型的、建立在消费者分享行为之上的创业途径，消费者通过分享成为消费商。

在现实生活中，商家会经常开展营销活动，例如，星巴克推出一项活动，消费者只需将活动信息分享给两位好友，即可获得一张免费的咖啡券；滴滴出行推出活动，用户邀请好友注册，即可获得 30 元打车券等，各种营销活动多如牛毛。

一些人非常看好分享经济，认为这种模式更代表未来的趋势。分享经济或共享经济谁会成为未来的趋势，或是两者长期并存，一切尚待时间验证。

第二节
探因：企业级共享经济的本质及特点

2015 年，被大多数人称为中国共享经济的元年，各种共享模式相继出现。有不少行业大咖认为，下一个共享经济的独角兽企业，极有可能出现在企业级服务领域。近几年，也有不少创业者尝试构建企业级共享平台，但遗憾的是，这些平台与真正意义上的企业级共享平台有着极大的差别，其没有从闲置资源着手，充其量只是一个供需平台或企业服务平台。

一、从共享经济到企业级共享经济

（一）何为企业级共享经济

企业级共享经济，顾名思义，就是发生在企业之间的闲置资源共享的规模化经济，是共享经济的一个分支。我们可以这么理解：企业级共享经济是企业之间通过整合、利用闲置资源，创造有形价值或无形价值的一种经济形态。

与原始概念下的共享经济类似，真正的企业级共享经济，应该聚焦有效利用闲置资源。盘活企业的闲置资源，为参与资源共享的各方企业创造价值，提升资源的利用率，是企业级共享经济的重要内容。

企业级共享经济研究的是企业之间如何通过资源共享达到创造价

值的目的。这些目的不仅包括降低成本、增加收益，还包括很多无形价值，如提高效率、增强竞争力等，且参与其中的双方或多方都能从中获益。

（二）企业级共享经济的雏形：企业间资源共享

前文提到，在共享经济出现之前，人与人之间小范围的资源共享早已存在，如互借工具、互借图书等，共享经济则是利用平台，将更广泛的消费者群体连接起来，使其有偿使用闲置资源，进而形成规模化经济。

事实上，在企业级共享经济形成之前，小范围的企业间资源共享也已存在，如有息借款、互相介绍客户等，只是现在还没有真正的企业级共享平台，无法将更多企业连接起来、共享每家企业的闲置资源。

从以往经验来看，小范围的企业间资源共享就像实体店，大都限定在一定范围内、一定时间内。企业级共享则像网络购物，不受地域、产品种类和时间限制。当然，不受时间限制与在特定时间内使用闲置资源具有不一样的含义，消费者可以随时在网上购物，但商家备货、快递员送货还需一定的时间。

（三）从小范围的企业间资源共享到企业级共享

众所周知，随着科技的发展及思维观念的变化，人们的购物渠道已从线下实体店转移到线上，但要实现线上购物，自然需要一个载体——网络平台。同样，要想让小范围的企业间资源共享变成企业级共享，也需要一个企业级共享平台。

当前，由于缺少一个可以依赖的企业级共享平台，企业之间的资源共享很难扩展到更大的范围，无法将更多的闲置资源利用起来，尚不能彻底去除以人际关系为纽带的连接，因此暂未形成规模经济。很显然，只有在一个有效运营且得到参与各方信赖的企业级共享平台上，小范围的企业间资源共享才能变成大范围的、规模化的、模式繁多的企业级共享。

新冠肺炎疫情给实体经济带来的短期冲击较大，因大量劳动力闲置而产生的共享员工现象，就属于企业级共享。不过，由于这类需求和供给具有短暂性特征，只在特殊时期才发生，能否持续还很难说。

我们将在下一节深入探讨共享员工的问题。我们还需要阐明的是，办公空间共享平台如 WeWork、办公文件夹共享平台如 Samba 等，都是扩展概念下的企业级共享平台，并非真正利用了闲置资源。

二、企业级共享经济的本质

企业级共享经济的本质和面向个人消费者的共享经济的本质相似，都是整合线下的闲置物品或服务者，通过有偿让渡，为企业创造价值。但在细节上，由于不同的资源具备多种特性，加上企业之间资源共享的目的、方式等不同，所以二者还是有一定差别的。

企业级共享经济比面向个人消费者的单向型的共享经济复杂得多，下面进行具体说明。

（一）闲置资源

关于闲置，在面向个人消费者的共享经济中和企业级共享经济中的解释都一样，但资源对于个人和企业的意义有所不同。

个人可以用于共享的闲置资源极其有限，目前，主要集中在共享住宿和共享出行等方面，且只能单纯地共享一种资源。

企业的闲置资源有很多种，既有实物资源，也有无形资源，如场地、设备、人员、供应商、渠道、技术等，均可用于共享。

例如，当一些企业参加大型展销会时，会在自己的展位上放置其他企业的产品、说明书，无论是否有偿，都可以算是利用闲置资源。

（二）较低价格

滴滴出行和 Airbnb 都以低于同类型企业的价格获得了巨大的发展机会。较低价格在企业级共享经济中同样适用。

在企业级共享经济模式下，资源主要为企业自身服务；当资源处于闲置状态时，企业将资源有偿让渡给其他有此需求的企业，获得经济上的报酬。由于这些资源只在闲置状态下被让渡使用，故收益通常不会高于其为企业自身创造的价值。

当然，也存在例外情况。若闲置资源的供给方太少、需求方太多或资源太稀有，则需求方需花费高价才可使用。例如，在一些大城市的上下班用车高峰期，滴滴出行的网约车的价格可能会高于出租车的价格。

不过，企业级共享经济并不总是以获取报酬为目的的，不能单纯地唯价格论。在某些时候，参与资源共享的企业相互交换闲置资源，其目的主要是弥补自身所缺乏的资源。

（三）特定时间

企业间资源共享的特定时间，是指资源处于闲置状态的时间，这与面向个人消费者的资源共享有一些区别。

例如，机器设备等资源，在没有被使用的时候，就属于闲置资源。然而，更重要的是，企业有多种资源，尤其是无形资源，几乎都可以被看作处于闲置状态。换句话说，几乎所有的无形资源都可以共享，且不用严格限制特定时间。

（四）所有权、使用权和让渡

关于所有权、使用权和让渡的概念，前文已经阐述过了。当企业之间共享资源时，所有权和使用权的概念会变得模糊。

首先，有些资源，并不为企业所有，如供应商资源。沃尔玛超市有着数万家供应商，但这些供应商并非沃尔玛超市所有。

其次，有些资源，对拥有方来说，只是暂时拥有，如购买的培训服务，一旦服务结束，拥有权也随之消失。

最后，有些资源在让渡之后，使用方同时也成为拥有方，如技术、人际关系等。当张三把李四介绍给王五时，王五就成了李四的人际关系资源。

值得一提的是，在面向个人消费者的共享经济模式下，让渡指有偿出借或提供有偿服务；在企业级共享经济中，除了有偿出借或提供有偿服务，让渡还代表所有权或拥有权的转让或暂时转让。

三、企业级共享经济的特点

除了上述几个关键词略有不同，企业级共享经济与面向个人消费者的共享经济，还存在如下不同。

（一）共享目的不同

在面向个人消费者的共享经济中，供给方的目的是利用闲置资源获取回报，而需求方的目的则是降低使用资源的成本。

在企业级共享经济中，供给方的目的不仅是增加收入，还可以用交换的方式获得自己需要而对方拥有的资源，需求方的目的不仅是降低成本，更重要的是利用他人的资源为自己创造价值。

（二）资源交换的支付方式不同

面向个人消费者的共享经济主要以货币形式进行交易。企业级共享经济，不仅可以以货币形式交易，还可以以资源交换的形式交易。有些资源的使用既没有付费也没有交换，但实际上动用了人际关系。

不过，在企业级共享经济里，人际关系将被货币或资源所取代。关系良好的企业之间借点资源不需要通过企业级共享平台，就像乘坐朋友的顺风车不需要通过滴滴出行一样。

（三）共享的模式不同

在面向个人消费者的共享经济中，资源让渡都是单向的。在企业级共享经济中，资源让渡可能是单向的，可能是双向的，还可能是多方参与的。

企业之间的资源共享也存在供给方和需求方，同时也存在另一种模式，即企业双方都让渡资源。也就是说，双方可能同时是资源的供给方和需求方，各自让渡各自拥有的资源，同时又使用对方企业的资源。

企业级共享经济中的共享存在三种基本模式（第三章有详细阐述），由这三种模式的不同组合会衍生出各种各样的形式，但本质上都一样。

企业级共享经济打破了传统的交易模式，即企业获得资源的时候不一定需要花钱购买，或者不一定以正常的价格购买，也可以资源交换的方式或低于市场的价格获得。

四、案例解析：共享会议室，闲置资源价值初窥

（一）案例

在深圳工作的李强，受邀参加行业内的一个小型座谈会，主办方是一家位于上海的企业管理咨询公司，举办地点在上海。收到邀请函后，李强看到会议地址是上海曾经的第一高楼——金茂大厦，他感觉不错，正好也要去那边出差，于是欣然接受了邀请。

进出金茂大厦必须刷卡，或者让熟人带领上楼。接待李强的是一位西装革履的小伙子，笑容可掬，礼貌殷勤。他自称赵明，带着李强去了

会议所在地——一家从事投资代理的金融公司，李强感觉有点莫名其妙。赵明先是向李强介绍了他们公司的基本情况、服务、投资项目等，然后带李强参观了一圈，最后带着李强去了会议室。

参加座谈会的人有 30 多位，他们大多是咨询公司的客户。李强的好友、咨询公司的经理孙艳也在。孙艳招呼别人给李强端上一杯香浓的咖啡，他们站在能眺望整个外滩的落地窗前聊了一会。

整个座谈会持续了两小时。会后，孙艳向李强说明了本次座谈会选择此处的原因。

咨询公司主办这次座谈会，会议地址并未选在自己公司，是因为公司没有那么大的会议室。

孙艳的公司最初想租用酒店或其他商用会议室，但考虑到这个座谈会要召开三次，分三批进行，且是免费的，公司没有收入，所以孙艳的老板联系了他开金融公司的朋友，希望能借用他们的会议室。

对金融公司来说，其会议室在当天是闲置的，即使不借给咨询公司使用，也没人使用。于是，金融公司的老板答应了，唯一的要求是让公司的业务员带每个参会人员参观自己的公司，顺便介绍一下公司情况，但保证不会给参会人员造成困扰。

由此，咨询公司免费使用了金融公司的闲置资源——会议室，付出的代价是给金融公司带去 30 多位潜在客户。与会人员被带着参观金融公司，相当于给金融公司做了一次小型的推广。

孙艳询问李强的感受。李强回答说："之前我多次来上海，没有机会到金茂大厦参观。刚进公司大门的时候，因为不了解具体情况，我感觉并不好。不过，这种感觉很快就被黄浦江边的美景冲淡了，气氛活跃的座谈会让我完全忘记了那点不快。"孙艳告诉他，参会的大部分人都在上海工作，都知道他们借用别家公司，对此并不介意。

（二）分析

这是企业之间共享闲置资源的一个典型案例。下面，我们给大家介绍一些细节，揭开其中的秘密。

➤ 咨询公司和金融公司均既是供给方，又是需求方。咨询公司拥有30多位客户资源，使用了金融公司的会议室；金融公司拥有会议室，以获得 30 多位潜在客户作为交换，让渡了闲置的会议室。这是一个双赢的做法，两家公司各取所需。

➤ 在特定的时间里，会议室是闲置的，客户也处于闲置状态。因此，这次企业之间共享的资源包括会议室和客户。

➤ 两家公司的老板是朋友，这层关系类似于企业级共享平台，是实现资源共享的基础。

➤ 咨询公司的收益是零成本使用会议室，金融公司的收益是获得潜在客户。

➤ 共享客户资源的前提是两家公司在利益上没有冲突，且须保障客户有良好的体验，不能伤害客户感情，更不能侵犯客户隐私，否则得不偿失。很显然，香浓的咖啡、美丽的景色和活跃的会议气氛，给客户带来了良好的体验。

第三节
追踪：企业级共享经济的发展现状

●○

前几年，一大批经济学者、企业家、创业者及风险投资者都曾经对企业级共享经济进行了理论探讨和研究实践，取得了一定的成效。如今一场突如其来的新冠肺炎疫情，让这个话题再度进入人们的视野。

共享员工属于真正的企业级共享经济，是企业级共享经济的雏形之一。共享员工覆盖的范围广，涉及的企业较多，共享的资源单一，而且被证明可行有效，对合作企业都有显而易见的益处。

一、国内主要共享平台

从 2015 年起，多个互联网平台陆续进行企业级共享的运营。几乎每年都有一批平台倒下，同时有一批新的平台诞生。这些平台的竞争虽然不如前些年团购网站的"百团大战"那么惨烈，但也不容小觑。

进行拉网式调研后，我们发现，运营企业级共享的平台数量不少。其中，有的专注于某个垂直领域，如制造业垂直电子商务服务平台——中国奥盟网；有的专注于某项或某些服务，如共享设计服务平台——一千零一艺；有的将线上平台与线下实体相结合，如专注于办公空间共享的优客工场；还有一些跨领域的综合性共享平台，如为所有服务业搭建资源共享平台的波士邦。

有意思的是，上述平台都不属于我们说的原始概念下的企业级共享平台，也就是说，它们并没有真正利用企业的闲置资源。下面介绍其中两个比较有代表性的平台。

（一）波士邦：共享企业级客户

波士邦成立于 2016 年，是一站式企业服务与交易平台，它在资源共享方面的口号是"以共享企业级客户为入口"。

波士邦能为企业提供大部分服务，如战略、人才、管理、开发、培训、营销、法律等方面的服务，但不包括生产制造，也不提供设备、材料等物品的交易。在该平台上注册的企业都属于服务行业。企业在平台上登记基本信息后，可开设网店，类似淘宝网上的商家。此外，每家在平台上登记的企业，既是供给方，也是需求方，既可以发布供给信息，也可以发布需求信息。

该平台看上去与企业外包服务平台猪八戒网差不多，但侧重于供给与需求。波士邦从一开始便宣称自己是企业级共享平台，并单独建立了一个模块——"共享城"。不过，这些共享并没有以闲置资源为基础，而其宣称的"共享企业级客户"，也只是给一些服务商带来价格竞争，缺少实质内容。一方面，供给方面临大量同行竞争；另一方面，需求方面临众多的供给方相互压价。

（二）优客工场：共享办公空间

优客工场成立于 2015 年，其采用将线上和线下办公空间相结合的方式，为创业企业和小微企业构建共享办公空间。

优客工场共享的资源跟共享单车一样，属于扩展概念下的共享。在优客工场办公的创业企业，共享的其实并不是办公空间，因为每一家企业都已经花钱租下了一小块办公空间，其所使用的空间，在租用期间归其拥有。

入驻的创业企业共享的是优客工场提供的复印机、会议室、茶水间、前台接待、行政人员等非必要的资源，企业通过长期租赁、短期租赁或单次使用的方式来获取这些资源。这些资源并非单独归一家企业使用，就像共享单车并非为某个人单独使用一样。

对于优客工场来说，其提供的复印机、会议室、茶水间、行政人员等都不属于闲置资源，而属于"人为制造出来的新资源"。优客工场通过提供这些资源来创造价值，带有一定的租赁性质。

优客工场还为创业企业提供全产业链服务，建设基于联合社群的商业社交和资源配置平台，这是该公司的一大优势。其甚至可以介绍业内大腕、专业人士、风险投资者给有发展潜力的创业企业，以此吸引创业企业加入。从闲置资源共享的角度来看，优客工场提供的这项附加服务——将自己所拥有的人脉资源拿出来共享，恰恰是真正的企业级共享。

在共享经济领域里，优客工场是一个成功的案例，重点是它不仅仅是一个共享平台，还有线下实体办公空间的支持。

二、企业级共享经济缘何发展迟缓

企业之间以人际关系为纽带的资源共享早已存在，但直到共享员工出现，才形成企业级共享经济的初级形态。这种模式发展较为缓慢，我们认为有以下几个原因。

（一）没有从闲置资源入手

个人的闲置资源能够创造价值，这点从滴滴出行的共享出行及Airbnb 的共享住宿中已经得到证明。那么，企业的闲置资源是否也能创造价值呢？答案是肯定的。

曾有经济学者分析过，国内企业级共享平台最终以失败告终，或者未能达到预期发展目标，基本都犯了一个错误：误把廉价的租赁经济当作共享经济。租赁经济进入门槛不高，像早年的团购网站一样，只要有资本，就能入场"瓜分蛋糕"。企业级共享的实践者存在以下四点误区。

➤ 未能全面了解企业的闲置资源，误以为闲置资源就是多余的物料和成品。

➤ 未能真正理解企业闲置资源共享的含义。

➤ 共享资源的种类过少，没有将眼光放到企业所有的资源上。

➤ 共享模式单一，缺乏资源共享的创造性。

也就是说，相关实践者没有从企业的闲置资源着手，也没有看到资源在闲置状态下的价值。

（二）传统的供需或服务理念

不少创业者把企业级共享平台当作一个简单的供需平台来运营，一方发布需求信息，另一方发布供给信息，创新力度不足。而且创业者的目标并不是有效利用闲置资源，而是抢夺客户、抢占市场，这不符合企业级共享经济的本质特征。

目前，类似的网络平台多如牛毛，但整体技术含量不高，供需和服务理念单一，行业内还未出现令人印象深刻的成功典范，更没有出现一家独大的局面。

（三）企业无利可图

企业不是个体消费者，消费相对理性，且许多开支都需要经过企业管理者审批。所以，当企业加入某个企业级共享平台时，其首先考虑的是能否获得经济效益及经济效益有多大。如果无利可图，就难以引起企业的兴趣，就算企业级共享平台花再多的钱做宣传也很难奏效。

很多运营企业级共享平台的创始人都有着美好的愿望，出发点很好，理想也很丰满，却很难得到市场的认可，不得不说现实较为残酷。波士邦尽管大力宣传"共享企业级客户"，希望通过这一卖点邀请企业加入，共创伟业。但部分企业入驻后，发现现实与预期有一定差距，要装修网店、填写各种资料等，因此积极性不高，这导致其吸引更多企业入驻的难度加大。

三、共享员工，拉开企业级共享经济的帷幕

新冠肺炎疫情的爆发，让共享员工这个新词汇进入大众视野，也让企业级共享经济得以初步实现。

所谓共享员工，是指在新冠肺炎疫情的持续影响下，一些暂时难以复工的中小企业将员工以共享的形式进行短期输出的合作用工方式。共享员工让员工在企业之间临时流动，实现了人力资源的再分配。这种方式，可以让需求方利用供给方的闲置资源——员工，为自己创造价值。供给方因为停工而将员工先"借"给需求方，获取一定报酬。这一方式不再像以往的企业之间进行资源共享那样，仅仅局限于以人际关系为纽带的狭小范围内，而是扩大了规模。

共享员工是在特定环境下产生的，具有特殊性和临时性特征。一方面，很多行业因为新冠肺炎疫情面临暂时性困难，大量员工处于闲置状态，企业陷入无钱给员工发工资的困境；另一方面，部分特殊行业因市场需求激增，需要大量临时人员，在地方政府、行业协会和一些平台的引导、撮合、调配与推动下，供需双方一拍即合，催生了企业级共享经济的初级形态。可以说，这是我国企业为应对新冠肺炎疫情，积极自救的一次创新。

（一）共享员工的基本现状

1. 共享员工的实例

据 2020 年 3 月 6 日中国新闻网报道，联宝（合肥）电子科技有限公司（简称联宝科技），受新冠肺炎疫情的影响，在原料采购、员工返

厂复工等方面遇到一定困难。为保障企业顺利复工，联宝科技在当地政府的帮助下，让来自高铁行业的 700 多名共享员工进入生产一线；合肥经开区首批复工企业在合肥海尔工业园与包河区餐饮企业安徽世纪金源大饭店开展共享员工方面的合作，饭店已有两批共计 60 多名员工前往海尔生产一线从事辅助操作类工作，并享受与海尔员工同工同酬的待遇。

2020 年 4 月 12 日，中央电视台《焦点访谈》栏目以《共享员工帮助企业复工复产》为题，报道了在新冠肺炎疫情期间，各地积极倡导共享员工，帮助企业复工复产的实例。

2. 权威专家的看法

2020 年 2 月 16 日，中南财经政法大学数字经济研究院执行院长、《5G 新产业》一书的作者盘和林博士在接受新华社记者采访时表示：共享员工使人力资源实现流动，提升了社会资源配置效率，也在一定程度上恢复了社会产出水平。在暂时人力资源过剩的传统餐饮企业与暂时人力资源紧缺的电商零售平台之间产生了劳动共享，使传统餐饮企业、电商零售平台和员工三方都解了燃眉之急。灵活用工将是未来中国人力资源供给的一个重大变化，借助数字经济的发展，消除资源壁垒，拉近人力资源过剩企业和人力资源紧缺企业的距离，实现供需双方快速、精准匹配，将能让人力资源更有效地流动。

温莎集团副总经理杨颖在 2020 年 2 月 16 日接受《光明日报》采访时表示：由于许多行业有淡旺季，在淡季时，如果要保持旺季时的人力规模，企业用工成本就会增加；在旺季时，又可能因人力规模不足陷入无法迅速组织员工的困境。对企业用工需求而言，灵活用工的模式在未来可能会成为一种趋势。

3. 共享员工平台

此外，不少地方政府、行业协会和相关企业也在新冠肺炎疫情期间推出共享员工平台。北京产权交易所上线"产业链共享云平台"，为各类受新冠肺炎疫情影响的企业，提供在线提报需求和供给信息、在线搜索需求方和供给方信息、查看跟踪提报需求信息状态等在线服务。福建省莆田市建立"企业用工共享信息平台"，满足特殊时期企业的短期用工需求及员工的短期上班需求，解决未复工企业的员工安置问题。

（二）共享员工带来了什么

通过以上案例，我们对共享员工有了一个初步的了解。下面，我们从充分利用企业闲置资源的角度，做一个较为全面的分析和总结。

1. 共享员工的本质

人力资源供给方是在一定时期内无工可开的企业，这些企业有大量员工处于闲置状态，企业在给员工发放工资方面有困难。人力资源需求方是那些在短期内业务激增或复工条件不足的企业，需要临时补充大量人手。由此可见，供需双方各有所求，通过共享员工，可以各取所需。

2. 共享参与方获得的利益

人力资源供给方可以减少因停工而造成的损失，同时得到收益以给员工发放工资。人力资源需求方无须招聘长期员工，用更低的成本，即可满足临时用工需求，利用共享员工创造价值。对于员工来说，可以解决短暂性失业的问题，获得一定的经济收入。换句话说，共享员工可以实现多方共赢。

3. 闲置资源的价值

在正常情况下，企业所拥有的人力资源主要为企业自身服务，只有在闲置状态下才适合共享。用于共享的闲置资源所能带来的价值，通常都低于这些资源为企业自身服务所创造的价值。

4. 平台及其作用

在正常状态下，人力资源需求方一般都是在市场上寻找人力资源。但在特殊时期，市场无法向企业提供人力资源，于是地方政府、行业协会、用工平台等牵头实施员工共享。它们承担了企业级共享平台的角色，有着以下作用。

➤ 连接作用：连接人力资源供给方和人力资源需求方，了解并分析企业的需求和问题。

➤ 推动作用：推动人力资源供给方和人力资源需求方进行员工共享，以解双方的燃眉之急。

➤ 调配作用：根据企业各自的需求，调配员工。

➤ 协调作用：解决合作企业在进行资源共享过程中存在的问题。

➤ 保障作用：排除困难，化解风险或将风险降至最低。

5. 存在的风险

目前，作为新生事物的共享员工，还存在一定的风险和困难。这些风险和困难，对人力资源供给方和人力资源需求方来说都存在。不过，在地方政府、行业协会、用工平台共同参与的情况下，风险相对较低且处于可控状态。如果企业之间以人际关系为纽带，进行员工共享，则风险较高，处理不好甚至会产生法律问题。

➤ 法律风险：员工的工资、社保、工作时间、劳动强度等方面有触及法律的风险。

➤ 人事风险：当共享行为结束后，对非本企业的员工如何进行管理等，都存在不确定因素。

6. 小结

共享员工是一种相对简单的资源共享模式，既是单一资源共享，又是单向资源共享。即一方提供一种资源，获取报酬；另一方支付费用，获取资源。这种模式，在新冠肺炎疫情结束之后，随着各企业逐步复工，很难再出现大规模、大范围的资源共享情形。

然而，出于对风险的防范意识，企业可能会重新考虑对资源的投入，其中不仅包括人力资源，还包括其他资源，这些资源为企业级共享经济的发展带来了巨大机会。

第四节
解码：企业级共享经济能带来什么

英国剧作家萧伯纳曾说："你有一个苹果，我有一个苹果，彼此交换，仍然各有一个苹果；但是你有一个思想，我有一个思想，彼此交换，我们每个人就有两个思想，甚至多于两个思想。"

同理，我们可以说："你有一种资源，我有一种资源，彼此共享，我们每个人都有两种资源或更多资源。"下面，我们来看看资源共享能够带来什么。

一、共享带来的有形价值和无形价值

如今，人们都在说资源共享，都希望以较小的代价获得更多的资源，更多的人已经理解，资源共享能为参与各方创造更大的价值，而这种价值又分有形价值和无形价值。

（一）经济价值

企业利用闲置资源，最主要的目的是创造价值和降低成本，就像面向个人消费者的共享经济一样，二者都有明显的经济收益。共享带来的具体的经济价值如下：

➤ 资源供给方通过暂时让渡闲置资源，增加企业收入。

➤ 资源需求方以较低价格利用他人的闲置资源，降低企业成本。

➤ 减少对非必要性资源的投资，降低经营风险。

➤ 得到利息较低的闲置资金，缓解资金压力。

➤ 减少库存积压，释放仓储空间，减少仓库人员工作量。

（二）市场价值

在前述共享会议室的案例中，金融公司没有得到实质的收益，潜在客户也没有转化成实际客户，但至少做了一些宣传，这些潜在客户在未来可能会变成真正的客户，或者会推荐亲朋好友成为金融公司的客户。共享带来的市场价值如下：

➤ 获得潜在的客户资源与未来的合作关系。

➤ 维系良好的人际关系，获得人脉资源。

➤ 建立新的市场渠道。

➤ 得到对企业发展有利的信息。

➤ 拓展推广渠道。

（三）企业经营价值

利用闲置资源，在降低成本的同时，企业的竞争优势也会得到增强。

➤ 闲置资源导致资源供给方负担加重，通过共享可以降低企业负担，缓解压力。

➤ 资源需求方通过共享，可解决企业资源短缺的问题。

➤ 优化供应链，增强与合作商的协作关系。

➤ 提高企业技术含量。

➤ 提高产品与服务质量。

（四）员工及团队价值

闲置资源的共享不仅能为企业带来收益和无形价值，同时也能为企业的员工及团队带来价值。

➤ 丰富员工的知识、提高员工的综合能力。

➤ 减少员工的工作量，鼓舞员工的士气，提升工作效率，激发员工的创新思维。

➤ 提高团队合作意识，强化团队协作能力。

事实上，通过资源共享，给企业带来的有形价值和无形价值还有很多。因此，当你想实现闲置资源共享时，不妨从不同角度去考虑，这样你能更清晰地看到共享所带来的巨大价值。

（五）叠加效应

当小范围、小规模、资源单一的共享模式，演化为大范围、大规模、资源繁多的企业级共享模式时，更充分和更高效地利用闲置资源，能使各种价值大幅增加。

例如，企业接一笔订单要费不少时间，需要很多人共同努力才能完成，而最后有没有收益是个未知数。如果企业接到很多订单，又要考虑生产能力是否能满足需求，此外还要考虑诸如招聘员工、提供培训、保证质量等各种因素。共享闲置资源则不一样，闲置资源可以经常使用、重复使用、同时使用，还可以长期使用。资源需求方可以在与一家企业共享某种资源的同时，与另一家企业共享另一种资源。资源供给方可以将部分闲置资源同时与几家企业共享，也可以利用闲置资源降低购买或租赁成本，还可以通过共享闲置资源，达到某些目标。因此，当我们看到企业实现一次资源共享只有几千元的收益时，不要不以为然。

当你认为自己的企业已经达到了利益最大化的目标时，不妨从闲置资源的角度重新审视一下，也许你会发现，其实还可以将利益增加。

那么，参与资源共享的各方能获得多大的利益？能创造怎样的价值？由于目前尚无先例可循，我们很难做出准确预测。我们不妨大胆预测一下，比较理想的情况是，能够让企业每年降低 20%左右的运营成本，或者增加 20%的收益，更理想的情况是两个目标都能实现。可别小看这 20%的收益，对于很多中小微企业来说，这关乎生存。

二、共享对现有经营模式的影响

或许，有人会说，企业之间低成本的资源共享方式，打破了绝大多数企业现有的经营模式，既损害企业利益，又破坏市场规则。经营企业就应该像经营酒店那样，资源即使闲置也不能廉价出售。

这个观点带来一个新问题：资源用于共享是否会破坏以营利为目的的传统经营模式？确实，这是个非常严肃且不容忽视的问题。我们的答案是：闲置资源共享，是企业现有经营模式的一种有益补充，并非完全取代。

（一）企业级共享经济实现的前提

资源主要为企业自身服务，只有当资源处于闲置状态时，才适合共享，但适合共享并不是必须共享，这是企业级共享经济实现的前提。众所周知，酒店主要依赖客人入住创造价值，航空公司主要依赖旅客乘坐飞机创造价值，客房和飞机座位是企业营利的主要资源。但客房经常会空着没人入住，飞机上也经常有空座位，所以酒店会定期推出一些特价房，航空公司会推出特价机票，以此吸引顾客，使用这些营销策略都是为了充分利用闲置资源。在通常情况下，没有哪个酒店会在旅游旺季提供特价房，也很少有航空公司会在春运期间推出特价机票。

（二）稀缺资源和构成企业核心竞争力的关键资源不适合共享

稀缺资源和构成企业核心竞争力的关键资源是企业的主要优势，是为企业创造利润的源泉，是企业实现利益最大化的关键。除非在极为特殊的情况下，否则即使稀缺资源和构成企业核心竞争力的关键资源处于闲置状态，也不能用于共享。

（三）资源共享的限制条件

资源供给方与资源需求方的所有资源共享都受到一定的客观条件限制。正是因为存在诸多客观条件限制，企业才必须考虑哪些闲置资源可以共享。共享资源是否划算、有无风险等问题。

对资源供给方来说，如果不设条件地共享闲置资源，会影响企业营利。因此，没有企业会这样操作。

对资源需求方来说，如果不想在受到限制的条件下共享资源，就只能购买、租赁或进行等值交换。企业如果只想着用共享的方式廉价获取资源，最后可能得不偿失。

在新冠肺炎疫情期间，企业之间共享员工，资源供给方是在无工可开的前提下出借员工的。一旦新冠肺炎疫情结束，资源供给方就会让员工回到原来的岗位，共享行为也就结束了。

由此，我们可以得出这样的结论：受一些条件的限制，企业可以利用但不会"滥用"闲置资源，换句话说，共享闲置资源既不会破坏更不会取代现有的经营模式，而是一种有益补充。

值得注意的是，还有观点认为未来共享经济模式将成为主导，这未免过于乐观了。

三、资源共享、资源整合和企业合作

说到企业级共享经济，我们还需要简要谈一谈资源共享、资源整合及企业合作三者之间的区别和联系。

（一）三种方式的区别

1. 出发点不同

目前，资源整合有两种解释。一种从正面的角度解释，即认为资源整合是企业充分挖掘自身优势，根据企业的发展战略和市场需求对有关资源进行重新配置，以突显企业的核心竞争力；另一种从负面的角度解释，将资源整合看作一些"奸商"玩的"空手套白狼"的游戏。

无论哪种解释，资源整合都是指从企业自身的利益出发，通过利用内部及外部的资源，为企业创造最大价值。如果企业实现自己的利益需要以为对方创造价值为基础，那么资源整合会将对方的利益考虑在内。

资源共享需要让参与共享的各方都获得利益，即在利用对方闲置资源的同时，也考虑对方的利益，达到双赢或多赢的目的。

企业合作是参与各方按照正常的商业规则进行合作，没有太多创新的机制值得特别说明，下同。

2. 对象资源不同

资源整合以所有资源为基础，包括闲置资源，但资源共享只涉及闲置资源。

3. 成本不同

在资源整合中，企业利用对方资源，或者资源为对方所用，都按照企业正常经营的价格支付相应的费用。资源共享通常支付的费用较低或不用支付费用。

4. 使用时间不同

资源整合不受时间限制，资源共享限定时间。

5. 使用方式不同

从企业自身利益出发，资源整合能通过一套企业资源计划（ERP）的信息管理系统实现，但无法在一个企业级共享平台上运行。在企业级共享平台上，交易的双方都是对等的，各方利益都必须考虑，资源共享更符合这个条件，因此能在一个企业级共享平台上运行。

资源整合"说起来容易做来难"，资源共享则相反。资源整合的本质是将他人的资源为己所用，资源共享的本质是与他人共享闲置资源。

人们在谈到资源整合时，总免不了给他人以"信口开河"的感觉，这大概能解释资源整合为何会给他人留下负面印象。例如，当你只有一个新的概念，准备开发一套新产品时，你想让供应商供应原材料，让加工厂生产加工，让渠道商代理加盟，如果你没有雄厚的实力和资本，那么想要实现这些目标，难度很大。而共享资源，由于双方都有付出和回报，则双方的目标更容易实现。

（二）三种方式的联系

资源共享是企业合作的一种方式，资源共享与企业合作的关系就像网络购物与电子商务的关系一样，是从属关系。企业合作范围更广，方式多种多样，完全包含资源共享，但并不完全包含资源整合。

资源整合既包括内部资源的整合，也包括外部资源的整合，与资源共享及企业合作都有一定的交集，但并不等同，各自有明显的区域。三者的关系如图 1-1 所示。

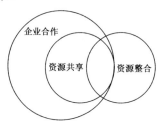

图 1-1　资源共享、资源整合与企业合作的关系

四、案例解析：共享设备，双赢省钱

（一）案例

广东省中山市某鞋垫加工厂通过一家大型制鞋厂接到某国际大品牌两万双鞋垫的订单。鞋垫是用二层牛皮做的，其中有一道工序，需要在鞋垫中打很多小孔，以确保鞋垫透气。该制鞋厂是鞋垫厂的主要客户，因此，鞋垫厂没有考虑自己目前是否能做这道工序，就将订单接了下来。

鞋垫厂的覃老板计划采用较原始的方式，即做一套模具，然后用冲压的方式打孔，这是他以前惯用的方法。但尝试了好几次后，他发现这个方法行不通，因为二层牛皮跟人造革的结构不同，使用老方法会使牛皮产生一些小瑕疵，客户无法接受这种小瑕疵。

覃老板与制鞋厂的技术人员楼先生交流，请他介绍几个能做这种鞋垫的工厂，自己可以适当地付点加工费。经过楼先生的介绍，覃老板找到东莞市一家综合性的鞋材加工厂，对方有好几台激光冲孔机，只需设定程序，调整好位置，就可以达到完美的效果。鞋材加工厂实力雄厚，有多种先进的设备，能加工多种鞋材，其客户也都是国际大品牌。鞋材加工厂知道自己在合作中占据上风，因此报出了覃老板难以承受的价格。覃老板估算了一下，如果接受这个价格，再加上运输费、浪费的模具等，意味着每双鞋垫要亏损一元，两万双鞋垫要亏损两万元。

但此时他已没有退路了，原材料已经买好，前段工序也都完成了，自己花钱买机器也来不及了，如果不做，亏损会更多，覃老板只好硬着头皮答应了对方的苛刻条件。他觉得，只要能按时交付订单，这点亏损就当买个教训。他认为自己也该买些先进的设备以便在市场上立足。

考虑到以后还有合作机会，覃老板请鞋材加工厂的主要负责人陈副总吃午饭。席间，他们聊到当前的经济形势和制鞋业的状况。陈副总表示，鞋材加工厂总部最近在越南设厂，资金全部投入越南，而一个主要的鞋厂客户因某些原因推迟支付货款，因此他们急需一笔银行贷款，但银行贷款总是批不下来。他们可能不得不求助于民间贷款，大概要借150万元，用于发放员工工资，还需要支付七八万元的利息和手续费。覃老板知道对方实力雄厚，资金短缺只是暂时的。考虑到以后还有合作机会，覃老板愿意吃点亏，与对方对等交换，即将150万元借给鞋材加工厂一个月，不收利息，条件是让鞋材加工厂为他免费加工这批鞋垫。双方一拍即合。

陈副总爽快地答应了覃老板，并表示以后如果需要用他的机器加工，在不影响自身生产的情况下，随时可以以成本价帮忙。这让覃老板暂时放弃了购买昂贵的先进设备的打算。后来，覃老板还利用自己与当地银行的良好关系，帮陈副总做了银行贷款的担保。

（二）分析

在这个案例中，双方共享的资源是鞋材加工厂先进的设备和覃老板手里的闲置资金。此外，覃老板拥有银行贷款的担保能力，在未使用的情况下，担保能力也属于闲置资源。

虽然双方是同行，有些时候还是竞争对手，会同时接受来自鞋厂的询价，但双方在特殊时期，通过资源共享，各取所需，不仅降低了成本，还解决了实际问题。多种资源、多次共享给双方带来显著的收益。

第五节
深究：企业级共享经济何时被引爆

前几节内容让大家对企业级共享经济有了一些基本认识，也探讨了其带来的很多好处，然而，要实现企业级共享经济，还需要一些先决条件和激励因素。此外，我们也不能忽视其中的不利因素。

本书并非商业计划书，我们不打算罗列各种数据，勾画美好蓝图，我们只会尽可能客观地探讨企业级共享经济的有利条件和不利因素，以及实现企业级共享经济必需的动力。

一、有利条件

我们从政治、经济和社会环境等多个方面，探讨对企业级共享经济发展的有利条件。

（一）政府的强力支持

2016 年 5 月 25 日，中国政府网刊发了一篇重磅文章，标题是《李克强阐述共享经济：利用闲置资源，实现人人受益》。这篇文章提到，共享经济不仅是在做加法，更是在做乘法，以此有效降低创业创新门槛，实现闲置资源充分利用，形成新的增长点，为经济注入强劲动力。此外，共享经济的另一大特点是，人人皆可参与、人人皆可受益，有利于促进社会公平正义。

这篇文章让人们看到了共享经济的美好未来。随后，地方政府也为共享经济的发展提供了较大的支持和帮助，如共享单车、共享雨伞等。

2020 年 7 月 15 日，国家发展和改革委员会、工业和信息化部、人力资源和社会保障部等 13 个部委，联合发布《关于支持新业态新模式健康发展 激活消费市场带动扩大就业的意见》，强调要打造共享生产新动力，推动形成高质量的生产服务要素供给新体系，鼓励企业开放平台资源，共享实验验证环境、仿真模拟等技术平台，充分挖掘闲置存量资源的应用潜力。

（二）新的商业模式将受到资本青睐

近年来，各路资本喜欢追逐市场新热点，即使发展前景尚不明确或成效尚不显著的商业模式，背后也会有资本的影子。尤其在特殊时期，共享员工交出了一份漂亮的成绩单，利益远远大于弊端，对此，风险投资者和创业者都将其看在眼里。接下来，在企业级共享经济领域内，预计将诞生一批敢想敢试的龙头企业。

共享员工属于单一资源的单向输出，操作相对简单，门槛较低，实现起来并不难，但也容易导致很多企业入局，展开激烈"厮杀"，最后的结果，要么催生出一两家独角兽企业，要么大打价格战，行业生态进入"野蛮"生长期。

我们所探讨的企业级共享经济，突破了"员工"这一资源，将更多的闲置资源纳入共享的行列，同时共享的模式也有很多种。一旦这种新的商业模式得到更多人认可，极具想象空间的市场规模和机会，必将引来资本的狂热追逐。

（三）同类平台已经出现

在网络购物出现之前，实体店早已存在，网络平台将购物搬到互联网上，消费者足不出户就能买到想要的商品。

同样，在企业之间的网上交易出现之前，线下交易活动早已存在，企业交易平台将企业间的交易搬到互联网上，突破了时间和空间的限制。

截至目前，虽然许多平台宣称自己是企业级共享平台，但尚未出现真正的企业级共享平台。真正意义上的企业级共享平台进入门槛比共享员工、其他企业供需平台、企业服务平台高得多，也需要一定的时间来培育市场。不过，初级形态的同类平台已经出现，它们的不断探索和试错，为新的大型企业级共享平台提供了可以借鉴的有益参考。

（四）企业风险意识大幅提升

新冠肺炎疫情的爆发，导致中国乃至全球部分企业停业、倒闭和破产，除了病毒这个主要因素，还有一个重要的原因——企业缺乏足够的抗风险能力。

不得不说，在新冠肺炎疫情爆发之前，很多企业的风险意识不强，抗风险能力差，缺乏应对突发事件的能力，一旦遇到突发情况，就会手足无措。

可以预见，在新冠肺炎疫情过后，很多企业将改变原有的观念，增强风险意识，提高抗风险能力。

此前，企业可能很少考虑或在意闲置资源能产生多少价值，能降低多少成本，新冠肺炎疫情的爆发让企业重新审视资源，尤其是闲置资源。一方面，企业会尽量减少对非必要资源的投入，转而选择利用他人的闲置资源；另一方面，企业也会将自身的闲置资源用于共享，以提高收入，增厚"安全垫"。

（五）共享的概念已深入人心

从2015年起，各种各样的共享模式"遍地开花"，共享的概念已经深入人心。虽然有人对满大街随处停放的共享单车心生不满，但大多数人都能感受到共享单车带来的便利。客观来说，每一项新技术、新产品都会对过时的技术、产品和既得利益者带来致命冲击，但人们并不能因此拒绝接受新技术和新产品，正是先进技术的发展推动着社会不断进步。

二、不利因素

企业级共享经济至今未能实现规模化，是因为一些平台没有找对方向。在当前市场经济环境下，还有一些不利因素阻碍着其发展。

本节我们先从微观角度出发，在第六章再从宏观角度进行深入探讨。

（一）观念过于陈旧

尽管很多人都在谈论资源共享，但还是有不少人对资源共享抱着怀疑、观望甚至敌视的态度，他们认为共享别人的资源可以，共享自己的资源不行。

企业之间的资源共享，可能赚不到多少钱，也节省不了多少成本，还有可能影响企业原来的经营方式，甚至有人还会怀疑想进行资源共享的人别有用心。很显然，在初始阶段，相当多的企业都会存在这样的顾虑。

但我们还是要说，陈旧的观念对新事物发展来说是一种巨大的障碍。这种观念上的障碍，在企业级共享经济的实现过程中，带来的负面影响是翻倍的，因为这种观念涉及两个不同的方向：资源供给方和资源需求方。

对资源供给方来说，其有没有将闲置资源用于共享的意愿？

对资源需求方来说，其有没有利用他人闲置资源的想法？

客观来说，在当前阶段，要想立马改变传统想法，不太容易。毕竟，大家接受新生事物需要一定的时间。

好在共享员工为企业级共享经济开了一个好头，对打破旧观念有一定的促进作用。

另外，还有一种观念也会带来消极影响。一些人认为，共享资源就是交出企业的"命脉"，会降低自身的竞争力。

（二）存在诸多潜在风险

在新冠肺炎疫情期间，引发舆论高度关注的共享员工收获了赞美，也有一些经济专家和法律专家指出其存在的各种风险，这也是企业必须重视的问题。例如，工伤事故责任承担风险。按照现行法律规定，职工被借调（共享）期间受到工伤事故伤害的，由原用人单位承担工伤保险责任，原用人单位与借调单位可以约定补偿办法。为此，参与共享员工的企业之间必须通过协议明确各方的责任和权利，不得因此损害受工伤员工的利益。

更多种类的资源以不同的方式进行共享意味着更高的风险，这会给企业级共享经济的发展造成阻碍。

（三）存在诸多条件限制

无论对资源共享的参与方，还是对企业级共享平台，企业级共享经济实现的条件并不宽松。

前面谈到，资源共享有一些限制条件，如特定时间。当一个企业在某个时间段急需某种资源，且愿意付出相应的代价时，也不一定能找到匹配的闲置资源，即时间存在错配问题。

如果资源共享实现起来过于困难，则企业参与的热情会受到影响。部分管理者会认为，与其做烦琐复杂的资源共享，还不如将有限的精力放到更为重要的企业经营上。

三、企业级共享经济的四大推动力

虽然还存在一些不利因素，但从大的环境来看，实现企业级共享经济的客观条件已经成熟。但要真正引爆企业级共享经济，还需要"点一把火"。"这把火"，需要政府、企业、创业者及全社会共同点燃。

我们简单回顾一下共享员工产生的原因。仅仅是因为新冠肺炎疫情吗？显然不是，新冠肺炎疫情只是外部的刺激因素。准确来说，共享员工是在资源供给方有压力、资源需求方有需求、政府部门充当桥梁等多方作用下形成的。

（一）政府支持

对一种新的模式或经济形态来说，政府的支持和推动作用是不可忽视的。企业之间共享员工，地方政府为资源供给方和资源需求方"穿针引线"，架设桥梁，发挥了积极的推动作用。

对于涉及范围更广的企业级共享经济而言，政府的推动极为重要。2017年10月18日，党的十九大报告指出，中国特色社会主义进入新时代，我国社会主要矛盾已经转化为人民日益增长的美好生活需要和不平衡不充分的发展之间的矛盾。

被重新定义的社会主要矛盾，也意味着企业必须发展壮大，获得盈利，才能不断提高劳动者的收入。在市场竞争日趋激烈的情况下，要想进一步提高劳动者的收入，企业必须从各方面想办法压缩成本、创造更大价值。开展资源共享，正是其中一个重要的实现途径。

当然，来自政府部门的推动和支持形式多样，如出台环境保护方面的政策，具体内容我们会在第二章详细探讨。

（二）企业需求

近年来，中低端制造企业流向东南亚国家（地区）成为企业界热议的话题。一方面，出于成本考量，部分企业不得不考虑生存问题；另一方面，我国大量的富余劳动力需要进行转移。少数经济学家认为，中低端制造企业外迁不会影响我国经济的发展，但这种说法并不科学，这是因为我国人口基数大，中低端制造企业对于解决就业问题贡献很大。

目前，受新冠肺炎疫情影响，不少中低端制造企业面临巨大的生存压力，再想进一步提升员工的收入，已经难上加难。

在此大背景下，企业要想方设法寻找新的利润增长点，尽可能减少对非必要资源的投入，同时有效利用自身的闲置资源获取收益，这为企业级共享经济的发展创造了有利条件。

（三）平台推动

政府在共享员工中承担了桥梁和平台的双重角色，而当政府不再承担平台的角色时，企业级共享经济就需要专业平台来推动。

企业共享闲置资源不像寻找外部服务或与其他企业合作那样，暂时还不是必需的行为，各界对此也缺乏相关的认知和行动意愿。因此，企业级共享经济的实现，需要专业平台主动发力。

（四）社会需要

当今社会，国家之间的竞争日趋激烈，要想获得竞争优势，必然要转变经济增长方式，即从粗放型增长方式向集约型增长方式转变，这就需要企业在资源配置上做到科学高效。通常来说，一家企业拥有的闲置资源越多，管理方面的问题就越多，不利于企业转型升级和提高核心竞争力，进而影响社会经济的高质量增长。

换言之，企业级共享经济的诞生、发展及壮大，是经济社会发展到一定阶段的必然要求和结果，企业对其采取逃避的态度，不利于自身发展。

四、企业级共享经济的三大基础

（一）专业平台

企业级共享经济需要专业平台来推动，这个平台就是企业级共享平台，它是实现企业级共享经济的基础。

企业级共享经济是"企业闲置资源共享+互联网平台"的新型商业模式，两者缺一不可，相得益彰。资源共享缺少企业级共享平台，就只能在小范围内发生，因为闲置资源并不容易在企业有限的关系网和信息网中出现；企业级共享平台如果不能促成企业之间实现资源共享，就没有存在的意义。

（二）大数据

很多企业都有闲置资源，但并不容易在特定时间找到合适的需求方。许多企业希望利用其他企业的闲置资源，但很难找到愿意暂时让渡资源的供给方。要实现供需双方的资源共享，必须有大数据的支持。

大数据，通俗来说就是大量数据的集合，并且通过对大量数据的分析和优化解决问题，满足需求。大数据的战略意义不在于掌握庞大的数据信息，而在于对数据进行专业化处理。

在企业级共享经济中，大数据的作用是显而易见的，主要体现在以下几个方面。

➤ 追踪：在大数据时代，人们的经济行为随时可以被记录、追踪、追溯，资源共享的过程也可以被监控，确保真实可靠。

➤ 识别：在对各种因素全面追踪的基础上，通过定位、比对、筛选，实现精准识别，然后进行分析，得到更为准确的结果。

➤ 画像：通过对不同主体、不同数据源的追踪、识别、匹配，形成更立体、更全面的认识。

➤ 匹配：在海量信息中精准追踪和识别，利用相关性、接近性等进行筛选比对，对资源实现高效匹配。

➤ 优化：按照一些既定原则，通过各种算法，对路径、资源等进行优化。

（三）社会信用体系

在企业级共享平台上，信任机制的建立依赖三个方面：第一个方面是国家和地方政府构建的社会信用体系，这是企业在平台上进行交易的基石；第二个方面是企业级共享平台为交易各方提供的保障机制，以预付款或资金托管等方式为主；第三个方面是当出现信用危机、交易纠纷等情况时，企业级共享平台需要拥有一套与各方进行协调的问题处理机制。

1. 国家和地方政府构建社会信用体系

2019 年 7 月，国务院办公厅印发《关于加快推进社会信用体系建设构建以信用为基础的新型监管机制的指导意见》，标志着中国全面加强社会信用体系的建设。随后，各地方政府陆续推出各地建立社会信用体系的具体措施。

国家和地方政府在建立社会信用体系时，不仅关注企业和个人的信用，更注重培养全社会识别信用风险的能力。完善的社会信用体系是信用发挥作用的前提，可保证授信人和受信人之间，在遵循规则的基础上达成交易，保证经济运行的公平和效率。

2. 建立保障机制

我们知道，即便在社会信用体系非常完善的国家，违约行为也难以避免。因此，在社会信用体系之下，企业级共享平台还需要建立保障机制，其在几乎所有的交易类平台中都存在，如支付的货款先存放在交易平台，待交易双方都无异议的时候，货款才会由平台划给收款方。

在早期的商业环境下，人际关系是商业活动的纽带，信任关系是商业活动的基石。关系营销理论认为，在同等条件下，人们更愿意与他们认识、喜欢和信任的人做生意。

企业级共享平台需要为互不熟悉的企业搭建信任关系，单纯依赖预付款或资金托管是不够的，不依赖金钱的信任关系才是真正的信任关系。当然，这是一种理想状态。企业级共享平台要做的，主要是及时处理企业出现的失信问题和败德行为，包括但不限于如下内容：

➤ 及时发现企业的不诚信行为。

➤ 必须对不诚信的行为进行严厉的处罚，通过签订的协议和法律制度对交易的不诚信行为进行严厉处罚，增加不诚信行为的成本，以此抑制机会主义行为。

➤ 将不诚信的企业拉入行业黑名单，使之失去与其他企业合作的资格。

3. 建立问题处理机制

最坏的情况是，企业级共享平台已经建立保障机制，仍无法阻止失信问题与败德行为的发生。

失信问题和败德行为是制约企业间合作的重要因素，一次不好的体验可能直接影响未来的合作，这种情况在各大网络购物平台早已司空见惯。企业级共享平台也有可能出现这种情况，如果处理不好，则会影响企业继续进行资源共享。

在小范围的企业间资源共享及由政府部门推动的共享员工中，都有一个让供需双方信任的中间人，一旦发生失信问题，中间人就会出面协调。中间人必须确保其在处理问题时能够做到不偏不倚，尽量让双方都满意。这种处理方式，同样适用于企业级共享平台。

第二章

看逻辑：企业闲置资源共享

在新冠肺炎疫情期间出现的规模化共享员工，拉开了企业级共享经济的帷幕。但也有人并不看好其发展前景，他们的理由是，在新冠肺炎疫情结束后，共享员工的情况将会减少，而大范围的共享员工将更少。还有人认为，一个劳务派遣公司就能解决的问题，何必费那么多周折？

但真的是这样吗？显然不是！

如果把共享的范围扩大到企业所有的闲置资源上，我们会发现，企业级共享经济不但可行，而且市场广阔。中商产业研究院预测，2020年中国共享经济市场交易规模将达36058亿元，预计未来3年，年均复合增速将保持在10%~15%。

本章，我们主要探讨企业级共享经济发展的核心逻辑。

第一节
你真的了解企业资源吗

在管理学中有这么一句话：管理的任务就是获取、开发和利用各种资源以确保组织效率和效果双重目标的实现。

要完成管理的任务，实现企业闲置资源的共享，首先必须全面认识企业的资源，资源是企业日常经营中最基本的管理对象。

一、企业资源及其属性

（一）什么是企业资源

通常来说，企业资源的定义如下：任何可以被称为企业强项或弱项的事物，任何可以作为企业选择和实施其战略的基础性事物，如企业的资产组合、对外关系、品牌形象、员工队伍、管理人才、知识产权等。

另有学者对企业资源有着不尽相同的理解，他们认为，企业资源是指企业在向社会提供产品或服务的过程中所拥有、控制或可以利用的，能够帮助实现企业经营目标的各种生产要素的集合，即凡是能转化为支持、帮助和优势的一切物质和非物质都是企业资源。

无论哪一种定义，有一点是毋庸置疑的，企业资源涵盖的范围极广，已经超出企业本身的界限，从理论上来说，可以无限延伸，小到一张纸，大到全球市场，都可以算是企业资源。

（二）企业资源的不同属性

企业资源有多种不同的属性，根据不同的属性可进行不同的分类，但各种分类之间并无明显界限。

第一种属性是资源的形态，资源可分为有形资源和无形资源。例如，工作场所属于有形资源，人际关系属于无形资源。也有不少资源同时拥有两种形态，如员工是有形的，但他们的知识、技能是无形的。

第二种属性是资源的宽度，资源可分为内部资源和外部资源。企业的内部资源包括人力资源、财力资源、物力资源、信息资源、技术资源、管理资源、可控市场资源、内部环境资源等；企业的外部资源包括行业资源、产业资源、市场资源、外部环境资源等。这种分类方式过于笼统，各种资源之间交集太多，并不适合资源共享。

第三种属性是资源的归属，这一点更为模糊，它代表了资源的所有权。企业资源并不一定归企业所有，但确实为企业拥有，可以为企业所利用，如供应商、加盟店等。资源的归属不等同于资源的内外部属性，如可控市场资源不归企业所有，但属于企业的内部资源。

第四种属性是资源的时限，资源可分为长期资源和短期资源。如企业购买的设备属于长期资源，聘请专业人士进行短期培训则属于短期资源。

第五种属性是资源的价值，资源既可以是以货币计算的，也可以是以无形价值衡量的，如企业文化无法以货币衡量，但它有无形价值。

资源还有其他一些属性。它既可以是买来的，也可以是租来的；既可以被每天利用，也可以被阶段性利用。

在谈到企业资源的属性时，我们不需要局限在非此即彼的固化思维里，这是认识企业资源的基础。

二、资源的八大类别

为了便于读者更深刻地认识和了解企业资源，我们将企业资源分为以下 8 种，其中每一种资源都包含几个子类。需要强调的是，这里探讨的资源并没有涵盖企业的所有资源，主要指那些处于闲置状态，能够实现共享的资源。

（一）空间资源

空间资源是指以空间形态存在的有形资源，企业对这些资源拥有长期的或短期的所有权或使用权。空间资源包括厂房、仓库、办公室、会议室、门店、活动场地、展览场地、餐厅、宿舍等，对企业而言，空间资源可用于生产、储存、办公、销售、展览、活动、食宿等。

空间资源还可以根据需要设置一些子类，包括生产空间（厂房）、存储空间（仓库）、办公空间（办公室、会议室）、门店空间（门店）、活动空间（活动场地）、展览空间（展览场地）、食宿空间（餐厅、宿舍）及其他空间等多个子类。

（二）物品资源

物品资源主要指那些具有实物形态的设施、设备、物料、产品、办公用品等资源。对企业而言，这些资源对企业的产品或服务产生直接或间接作用，包括生产机器、办公设备、辅助性设备、日常用品、产品、半成品、原材料、工具等，甚至一些可以变卖的废弃物都属于物品资源。当然，在企业级共享经济中，我们一般不把废弃物算在内。在企业的有形资源里，除了空间资源，其他都可归类为物品资源。

基于资源共享，我们将物品资源分为生产设备（机器）、运输设备（厂车、叉车等）、配套设施（办公设备、污水处理等辅助性设备）、成品、物料（半成品、原材料），以及其他物品等子类。其中，其他物品指价值较低、一般不会单独用于共享的物品，只在共享较高价值的资源时，作为配套资源。

（三）人力资源

人力资源主要包括专业人员和普通员工两类。凡是以脑力劳动为主或需要一定资质和技术的人员都属于专业人员，如焊工、电工等，即使他们的工作更接近体力劳动，但他们都需要有地方政府相关部门颁发的资质。其他以体力劳动为主的人员都属于普通员工。

在新冠肺炎疫情期间出现的共享员工，绝大多数属于普通员工的共享。尽管相当一部分共享员工在原有的企业中属于专业技术人才，但在资源需求方，他们的工作内容不属于专业技术类别，只需要经过简单培训即可上任。

（四）资本资源

资本资源不是资产资源，它是以货币计量的经济资源。资本资源包括两个方面，除了企业本身拥有的现金、债权、股权等以货币计量方式客观存在的资源，还包括银行贷款能力和银行担保能力这两种以非货币形式存在的资源，后两种属于无形资源。

我们专门提出银行贷款能力和银行担保能力，主要是因为在企业需要进行资源共享时，这两种资源能发挥一定的作用。

资本资源可以用借贷和担保两种方式进行共享。由于存在风险问题，一般都会给资本资源共享设定时间，但只限于短期共享和中期共享，不建议长期共享。

资本资源可分为短期借款、中期借款、短期担保、中期担保 4 个子类。

（五）供应资源

供应资源不是指企业的供应商，企业不具备对供应商的所有权，而对"企业拥有供应商"正确的解释是，企业拥有从供应商处获得各种所需资源的能力和资格及采购这一行为，包括采购原材料、半成品、成品、设备、能源等资源。在企业购买了资源之后，这些资源就归企业所有。在实践中，供应资源必须与供应商联系起来，没有供应商的供应资源无法想象。

供应商可以向下延伸几级，各级供应商一起组成企业的供应链。不过，从资源共享的角度出发，我们所定义的供应资源只包含第一级供应商，即与企业直接发生合作关系的产品供应商、材料供应商、设备供应商、外加工厂商等，二级及以上的供应商不包含在内。

例如，服装店的供应资源包括为其提供服装的生产企业，而服装生产企业的供应资源包括布料厂商及其他配饰的供应商等，以此类推。

一级以上的供应商，企业不容易掌控，无法直接利用这些资源达到共享的目的。而且并非每家企业都有供应资源，尤其是非制造型企业。

供应资源的子类包括材料供应、成品供应、设备供应和其他供应等。

（六）服务资源

这里的服务是指企业从其他企业购买或租用的服务，而不是企业本身提供的服务，如外部企业提供的培训、网站建设、咨询、设计、翻译、食堂外包、运输物流、环境保护等。服务资源的种类较多，在企业服务平台猪八戒网上列出的服务多达上百种。当企业以合同形式购买或租用了某种服务时，它就成为企业的资源。在没有额外规定的情况下，这些资源都归企业所有，企业能将它们用于共享。

跟供应资源一样，企业不具备对服务商的所有权，但具备对其提供的服务的所有权。

企业对服务资源的所有权有一定的期限。到期后，企业可以选择继续使用、停止或更换这些服务。

由于服务资源的种类太多，因此，供应资源和服务资源可以合并在一起，共同构成一个类别，或者说，服务资源是供应资源的一个子类。

（七）市场资源

市场资源是指企业所控制或拥有的与市场密切相关的资源要素。

与供应资源一样，企业的市场资源可以向上延伸几级，但我们所定义的市场资源只包含第一级。企业对一级以上的市场资源较难掌控，无法达到共享的目的。举例来说，企业的产品如果经过批发商或代理商再销往零售店，那么零售店不属于它的一级市场资源。

市场资源较其他资源复杂，主要是市场资源的种类较多，难以界定，且有些并不能用于共享。

我们先将市场资源分类，然后逐一说明。市场资源共有自用型客户、加工型客户、销售渠道、宣传渠道、售后服务渠道和人际关系 6 个子类。

在上述 6 个市场资源的子类中，前三个子类都属于客户资源。客户资源是市场资源中最重要的一种资源，可给企业带来直接价值。

通常企业只有两种类型的客户，组织型客户和个人消费者。组织型客户不仅包括企业，还包括政府机构、事业单位、非营利机构，以及一些代表企业实体的个人。组织型客户与供应商、服务商是相对的，即 A 是 B 的组织型客户，那么 B 相当于 A 的供应商或服务商。

对企业而言，无论组织型客户还是个人消费者，如果要将客户资源用于共享，那么以客户购买产品或服务的用途进行分类的方式更为适宜。

客户购买企业的产品或服务主要有三大用途，依据这三大用途将客户分成三大客户群体。第一个客户群体为自用型客户，即个人或组织购买产品或服务主要是自用，无论他们将采购的产品或服务用于消耗（如能源）、消费（如食物）、展示（如网站）、学习（如培训）、还是解决问题（如翻译）等，都是为客户自己所用，不会再用于加工或销售。第二个客户群体为加工型客户，即他们购买产品或服务是为了再加工，然后进一步销售。通常此类企业是材料生产商，也包括一些提供设计、智能制造、初级开发等的服务提供商。第三个客户群体为销售型客户，即他们购买的产品或服务主要用于再销售，不会对产品或服务进行加工处理或只做最简单的处理，如包装、贴价格标等。无论他们面向零售商、代理商，还是批发商、加盟连锁店、网络销售、电话销售、邮购等，都属于这一类，我们称为销售渠道。

客户对企业产品或服务的忠诚度是市场资源中非常重要的一个指标，这一点也同样适用于资源共享。

宣传渠道包括电视广告、网络推广、广告牌、线下活动等各种宣传广告和途径。

售后服务渠道并非售后服务，而是指企业提供售后服务的渠道，如安装空调的服务网点。

人际关系资源也称人脉资源，它是目前共享得最多、最频繁的一种资源。

（八）知识资源

知识资源是指企业拥有的可以反复利用的，建立在知识和信息技术基础上的，能给企业带来财富增长的一类资源。它通常包括企业创造和拥有的无形资产（企业文化、品牌、信誉、渠道等市场方面的无形资产；专利、版权、技术、商业秘密等知识产权；技术流程、管理流程、管理模式与方法、信息网络等组织管理资产）、信息资源（通过信息网络可以收集的与企业生产经营有关的各种信息）、智力资源（企业可以利用的、存在于企业人力资源中的各种知识和企业创造性地运用知识的能力）3 个方面。

各项知识资源叠加在一起，组成了企业的知识体系，这是一个非常复杂庞大的体系。

值得注意的是，并非所有的知识资源都可以用于共享，如企业文化、管理方法等，它们更适合进行无偿分享，因为它们的价值只对所有者有用，对非所有者而言，只适合参考或学习，极少有企业愿意花钱学习别人的企业文化。如果企业花钱请外部机构对企业文化、管理方法提供培训，则属于服务资源。

据此，知识资源的子类包括专业技术、知识产权、信息资源和其他知识等。

以上 8 种企业资源及其子类都是可用于共享的资源。不同类型的企业，其资源各不相同。资源相同或相似的企业，其所在行业和经营范围等相同或相似。因此，在资源共享时，需要考虑企业所处的行业、经营范围、主要产品和服务等。这一点，企业级共享平台在进行架构设计时要务必考虑，通过大数据、人工智能等技术，考虑参与资源共享各方的资源与需求，智能地满足和匹配各方需求，从而避免过多类型的企业和过多的资源分类造成混乱。对此，我们将在第五章再具体介绍。

必须说明的是，上述 8 种资源的子类还可以进一步优化。

在前面介绍资源的属性时我们提到，资源的许多属性并没有泾渭分明的界限。在这里补充一点，即使是以上分类，部分资源仍没有确定的归属，或者可能同时归属于两种或以上的类型。例如，企业的销售人员既是人力资源，也是市场资源，但为了划分明确，我们将其归属于人力资源。不归企业拥有的外部销售代理，则属于市场资源的子类——销售渠道。再如展览的摊位既是空间资源也是宣传渠道资源，我们将其归属于空间资源。门店空间与销售渠道并不冲突，前者归企业所有，后者属于企业的客户资源。

三、案例解析：共享信息资源，获得独家代理权

与信息有所不同，信息资源是指信息本身或信息内容，即经过加工

处理，对企业决策有用的数据。信息资源本身不能创造价值，必须通过有效传播和利用才能创造价值。

下面，我们来看一个信息资源共享的案例。

（一）案例

早期的房地产公司大多采用集征地、建房、销售于一体的经营模式。随着社会分工越来越细，竞争加剧，市场经济要求专业的人做专业的事。一批最早进入房地产行业的销售精英纷纷脱离房地产公司，成立专门的代理公司，专业从事房地产销售代理业务。

吴霞之前在一家房地产开发公司工作，离职后，她成立了一家房地产代理公司，任总经理，招聘了 3 名销售人员和 1 名策划人员。因为在房地产行业工作多年，她拥有非常丰富的人脉资源和渠道资源。

2006 年，吴霞所在城市的房地产业处于高速发展阶段。房地产代理公司虽然很多，但实际上绝大多数干的都是中介的事。当时的市场环境对房地产开发公司非常有利，许多房子还没开盘便被人抢购一空。面对这种市场环境，房地产开发公司自然不愿将手上的"肥肉"白白送给代理商，而是建立自己的销售团队。毕竟，代理商需要抽取 3%的销售提成，而自己内部的销售员只要 0.5%的提成就够了。因此，绝大多数房地产代理公司的业务主要来自二手房产交易和租房业务。由于竞争日趋激烈，吴霞认为必须成为房地产开发公司的独家代理商才有机会让自己的公司进一步发展壮大。

吴霞找来自己的老朋友贺伟商议，希望他加入公司一起发展。贺伟长期就职于该市唯一的国有企业下属的房地产代理公司，一直从事地产咨询、房产评估、房产营销策划、专业代理销售房产等方面的工作，积累了丰富的经验。他给吴霞提了一个建议：如果想做独家代理，就必须展现自己的专业水准，树立良好的品牌形象。

贺伟让吴霞根据当时的环境，选择一个她认为最有机会拿下的楼盘，然后做一份详细的报告。吴霞有些犹豫，她知道做一份这样的报告需要花费好几万元，而这份报告能不能产生作用，她毫无把握。贺伟表示自己可以借两个人给吴霞用，必要时他也可以帮忙。

要成为专业代理，不是请客吃饭就能做到的，在房地产行业摸爬滚打多年的吴霞深知这点。她决定听从贺伟的建议，先选中了一个地段相当好的楼盘，这是由当地的一家房地产开发公司投资兴建的高档住宅区。代理公司仅有5个人，吴霞又花钱请来贺伟介绍的专业地产项目策划任辉，帮她撰写房地产营销策划报告。

为争取到这一项目的代理业务，吴霞的团队和任辉用了两周的时间对楼盘的周边市场进行了认真调查，做了一个相当详细的市场调研报告，深入分析该市房地产市场上的供需状况及未来走势，同档次物业的供应量、需求量及其主要房源，并针对一些现有的楼盘，从物业概况、周边环境、推广方式、开盘情况、销售进展、人员素质等方面逐一加以剖析和点评。吴霞将自己的调研成果——《产业竞争分析报告》，无偿地分享给了那家房地产开发公司。这份报告充分展现了吴霞的公司在销售策划方面的专业水准和雄厚实力，而吴霞坦诚的态度，最终赢得了客户的信任，她如愿拿到了该楼盘的独家代理权。

（二）分析

需要说明的是，在这个案例中的《产业竞争分析报告》是创造出来的资源，而不是我们前面提到的现成的闲置资源，因为信息资源有其特殊性，数据必须经过加工处理后才能成为对企业有价值的资源。这个加工处理就是一个创造的过程，那些搜集来的数据都属于现成的闲置资源。因此，从本质上来说，这个案例仍然属于闲置资源的共享。

吴霞将信息资源——《产业竞争分析报告》，无偿分享给房地产开发公司，其实并非真的无偿，而是为了获得一个更大的机会。如果能获得这个机会，她将获得比该信息资源多几十倍甚至百倍的回报。真正的玄机就在这里，这个机会让无偿分享变成资源共享。如果她预先知道无论做何努力，该机会均为零，那么她就不会花那么多精力去收集那些信息资源了。

需要注意的是，该信息资源的共享在吴霞得到独家代理权之后就结束了，双方进入正式合作阶段。

人们常说，在信息时代，信息就是财富。但信息资源本身不能创造价值，如果不懂得如何利用，它就一文不值。如果企业缺乏利用信息资源的能力，与其他企业共享信息资源，就有机会实现它的价值。

第二节
正确认识资源的两种状态

◖◗

　　企业有很多种资源，可以将处于闲置状态的资源用于共享，以创造更多价值。那么，资源在哪些情况下才算处于闲置状态呢？资源分别有几种状态？本节将对此进行深入探讨。

　　值得注意的是，共享员工点燃了企业级共享经济的火苗。不过，随着新冠肺炎疫情的结束，共享员工可能会淡出人们的视野。不过，这一新现象给人们留下了一些思考：下一种可以大规模共享的企业资源是什么？在此，我们不妨大胆猜测一下：环保资源。

　　环保资源包括环保设备和环保服务，前者属于物品资源，后者属于服务资源。本节将用一个实例来说明共享环保资源的重要性、必要性及可行性。

一、资源的状态属性

（一）使用状态和闲置状态

　　企业资源一般有使用状态和闲置状态两种状态。其实还有一些别的状态，如机器的维修状态、人员的休息状态等，但对于可利用的资源而言，无论机器维修还是人员休息，资源都被占用，占用状态即是非闲置状态。由于我们重点关注的是闲置资源，因此按两种状态划分。

我们注意到，企业资源的使用有着明显的时效性和周期性。

➤ 按使用的期限来说，分为长期使用、短期使用、单次使用和阶段性使用。在非长期使用的间歇期间，资源都处于闲置状态。

➤ 按资源使用的程度来说，分为满负荷使用和非满负荷使用两种。在资源处于非满负荷使用的状态时，部分未被使用的资源也处于闲置状态。

➤ 对于具有物质形态的资源而言，闲置是一种状态。对于不具有物质形态的资源而言，闲置则是一个抽象的概念，我们需要运用想象力做出判断。几乎绝大多数的无形资源，或者说具有抽象概念的资源，都可被看作处于闲置状态，包括资本资源、供应资源、服务资源、市场资源和知识资源。

为什么说绝大多数无形资源都是闲置资源？首先，无形资源并没有显而易见的使用状态。无形资源不像机器和人员，很难断定它在什么时候处于使用状态，如人脉资源等。其次，无形资源大多没有被满负荷使用，如供应资源，大多数供应商都希望客户从自己这里采购更多产品。最后，无形资源具有可传递性和可复制性，如技术资源等。

这三点非常重要，这是企业实现资源共享的基础。不明确什么是闲置资源，就不可能实现资源共享。同时，只有认识并扩大可利用的闲置资源的范围，企业级共享才有进一步发展壮大的可能。

从上面三点，我们还可以得出一个结论，企业资源处于闲置状态的时间远远多于处于使用状态的时间。

（二）各类资源的闲置状态

接下来，我们尽可能详细描述企业的资源在什么情况下处于闲置状态，同时用一些常见且容易被理解的例子加以说明。

1. 当空间资源没有被使用时，就处于闲置状态

例如，许多大型商场都有一些活动场地，供品牌商做宣传活动使用，同时商场的物业也都知道如何配合品牌商的需要，如搭建舞台、寻找演员等。但如果你稍微细心一点，就会发现，商场的活动场地实际上一年也用不了几次。一方面，企业在做活动时，投入的成本不低，要支付场地使用费等费用，企业觉得这样很难达到应有的效果；另一方面，一些商场为了吸引更多的顾客光顾，花高价请明星来演出，但效果不佳。反而是一些人员流动较多的商业区或生活区，更容易吸引企业做宣传，因为那些地方属于公共地段，只要不阻碍交通，企业只需缴纳不高的物业管理费即可使用。

空间资源还有一种闲置状态是非满负荷使用。在日常工作和生活中，我们会发现，绝大部分空间资源都处于非满负荷使用状态，但这并不意味着其可用于共享。是否可用于共享需要根据实际情况判定，这个问题我们留到后面再探讨。

2. 物品资源的闲置状态与空间资源类似，既有在物品没有使用时的完全闲置状态，也有在物品没有满负荷运转时的部分闲置状态

例如，某皮革制造企业为了环境保护的需要，添置了一台污水处理设备。该企业每天制造皮革产生的废水最高可达 80 吨，而它添置的污水处理设备每天可以处理 100 吨污水。那么，该企业在皮革制造满负荷运行时，它的污水处理设备只用了80%的产能，意味着还有 20 吨污水处理能力可以利用。这就是在污水处理设备非满负荷使用时的部分闲置状态。

对于物料和成品而言，其闲置状态稍有不同。例如，企业在接到某个订单后，需要购买物料，制成产品。物料在待加工时、成品在待出售时，都不属于闲置资源，在交易完成后，剩余的物料或成品才是闲置资

源。不少企业对此类闲置资源的处理感到颇为头疼，觉得它们就像鸡肋一样，当垃圾贱卖觉得可惜，当物料或成品又找不到买主，通常都是存在仓库内，以备将来所用。

3. 人力资源的闲置与空间资源和物品资源的闲置区别很大

人需要休息，需要补给。通常只在超过法律规定的休息时间还没有处于工作状态的，才算是闲置资源，如停工待料期。

普通员工的闲置状态非常容易分辨。对于部分专业人员而言，由于他们主要从事脑力劳动或专业技术工作，他们的闲置状态稍有不同。像前文谈到的优客工场，租用其办公空间的创业企业共享前台、财务、行政等人员。这些人员对创业企业来说利用率太低，单独聘用这些人员并不划算。

4. 资本资源，包括现金和银行担保能力，只要没被动用，都可看作闲置资源

资本资源不像知识资源那样可以复制，只能单次共享，且一旦被共享，就处于使用状态，直到共享结束为止。在实际工作生活中，有相当多的人利用银行担保能力帮助朋友的企业解决资金周转困难的问题。

5. 供应商和服务商都是有形的，但"供应"和"服务"这两个概念却是无形的

供应资源和服务资源的闲置状态相似，主要有两个方面。

第一，大多数供应商和服务商都有为企业提供更多产品和服务资源的空间，这些空间就是企业所拥有的闲置资源。

第二，即使供应商和服务商没有更多空间为企业提供产品和服务，但大多数企业都会有一些备用的供应商和服务商，不会将鸡蛋放在一个

篮子里，而且企业仍可以从市场上的其他渠道找到相同或相似的供应商和服务商。企业有随时获得这两种资源的能力，因此，这两种资源都属于闲置资源。

当然，这并不意味着企业可以随时共享这两种资源。只有发生购买行为时，企业才拥有这两种闲置资源，才能将其用于共享。例如，当我们购买了一批产品时，我们能将采购行为与其他企业共享，帮它们以较低价格采购小批量的产品。当我们没有发生购买行为时，供应资源和服务资源无法产生作用。

6. 市场资源与供应资源和服务资源一样，大多属于闲置资源

有些市场资源与空间资源、人力资源重叠在一起，如连锁店和市场人员等，因此，市场资源是否处于闲置状态，还要考虑与市场资源重叠或相关的其他资源是否处于闲置状态。

例如，很多大型企业在大中型城市都有销售网点，但无法将网点铺设到所有小城市，因为那样做成本太高，会造成人员和设备闲置。因此，几家企业可选择在小城市共享销售渠道，这样既节省成本，又能满足扩大销售渠道的需求。

7. 知识资源具有可复制性和可传递性，除非被其他企业买断，否则都属于闲置资源

知识资源能成为应用极为广泛的共享资源，主要源于其可复制性。像迪士尼授予很多企业生产、销售带有其知识产权的产品，就可看作知识产权共享，它完全符合共享经济的定义。

通过这些浅显易懂的例子，我们会发现，企业的闲置资源，无论数量还是种类，都远远超出想象。

二、共享环保资源能否成为资本的追捧对象

改革开放以来，中国经济发展势头迅猛，取得举世瞩目的成就。但不可否认，也产生了一定程度的环境污染。环境污染问题，绝大多数国家在工业高速发展时期都会遇到，当经济发展到一定程度时，国家就会面临改善生态环境的问题。

我国对环保问题一向非常重视，近几年对环保治理的关注达到前所未有的高度。本节通过阐述环境保护的必要性和强制性、地方政府的目标、企业在哪些污染环节推动环保资源的共享等，探讨共享环保资源会不会成为资本的追捧对象。

（一）环境保护势在必行

1. 国家的政策与要求

国家从宏观层面上加大了环保的力度，陆续出台了文件和政策，要求全社会共同建设生态文明。2020 年 3 月 3 日，中共中央办公厅、国务院办公厅印发了《关于构建现代环境治理体系的指导意见》，其在"健全环境治理企业责任体系"中的第八、九、十、十一条，从四个方面对企业提出了相关的环保要求，明确要依法实行排污许可管理制度，推进生产服务绿色化，提高治污能力和水平，公开环境治理信息。

2. 地方的措施与推动

近年来，各地环保部门根据国家出台的环境保护政策，加大对企业环境保护的治理和推动力度，总体上取得了明显成效，但也出现了"一刀切"的局面。为此，国家已经多次明令禁止对企业的环境保护问题采取"一刀切"的方法。

2018 年，号称史上最严厉的环保监察在全国各地如火如荼地进行。在制造业发达的广东省东莞市，因环保问题被整治或关停的企业多达上

万家。

确切地说，地方环保部门的这些动作并非简单地"一刀切"。在整治、关停前，地方环保部门多次检查并通知企业进行整改，但许多小型企业因成本问题，没有进行整改或整改不达标。

3. 企业的执行与无奈

企业尤其是小型企业也有自己的难处，绝大多数企业并不想停止经营，况且还有不少职工需要靠企业养家糊口。要达到环境保护的目标，企业需要投入十几万元甚至上百万元不等的资金购买各种环保设备及服务。很多企业利润微薄，根本拿不出或不愿拿出那么多钱去购买昂贵的设备或服务。

国家出台的环保政策必须遵守，而中小企业的承担能力有限，那么，有没有低成本的方式？是否可以采用环保设备和服务共享的方式，使资源需求方既不需要高投入，也符合环保标准，而资源供给方可通过资源共享取得经济效益呢？这些问题值得政府和企业深入研究，共同寻找最佳解决方案。

4. 社会经济发展的需要

社会经济发展不能以牺牲环境为代价，这已成为各界共识。新时期的社会经济发展，要求企业走绿色发展的道路，全社会共同参与环境建设。为此，企业不仅要确保达到相关法律法规及政策要求的环境标准，还要积极为消费者提供更多优质生态产品。

（二）企业容易产生污染的五个方面

一般来说，企业在五个方面很容易产生污染，要达到环保标准，在每个方面都需要一定的资金投入。

➤ 废气。任何在生产过程中产生的有毒、有害、有粉尘颗粒的气体都属于废气，这些废气会污染环境，影响人体健康，所以需要用专门的废气处理设备，将污染和危害降至最低。

➤ 废水。这里的废水指工业废水，即企业在生产过程中产生的废水，不包括企业员工因生活需要产生的废水。工业废水通常都含有有毒有害物质，在排向城市污水管道之前需要经过净化处理，污水处理设备价格昂贵。

➤ 噪声。对于产生极大噪声的生产设备而言，没有额外的处理方式，只能通过机器改良降低噪声，这种改良的成本非常高。

➤ 废弃物。废弃物即普通的工业垃圾，以前很多工业废弃物都可以出售。近年来，这些废弃物由环保部门管辖下的垃圾回收企业处理，企业需要支付一些费用，这部分费用相对较低。

➤ 危险废弃物。任何使用完的化学品容器、医疗废物、灯管、油抹布等都属于危险废弃物，需要由有资质的废弃物处理企业做回收处理，企业需要缴纳一笔较回收普通废弃物高得多的费用。

（三）如何共享环境保护资源

国家有环保政策，但不允许地方政府采取"一刀切"的方式，地方政府要落实环保要求，企业不愿或无力花费过高的费用进行整改，这为环保资源的共享创造了机会。

与其他资源共享一样，小范围、小规模的环保资源共享在一些企业之间已经出现了，它以两种共享方式存在。

第一种是扩展概念下的共享。具体表现形式是，地方政府将一些具有同样污染的企业集中在一个区域，建立统一的环境保护设施。企业在不超过每日污染物排放标准的情况下，不需要过多考虑环境保护问题。如印染厂、皮革制造厂等高污染企业，都集中在一个工业园内。这种环保资源共享对生态文明建设起到了非常大的作用。但也有一个不容忽视的问题：许多工业园收取高昂的资源使用费，拿走了相关企业近一半的利润，不少企业主对此意见较大。

第二种共享是原始概念下的共享，也就是真正利用闲置的环保资源，企业既不需要花费高昂的费用，也能符合国家和地方政府的要求。不过，由于缺乏足够的推动力，这一共享方式尚未规模化。

三、案例解析：共享环保服务

（一）案例

许多制造企业都会使用化学品，大部分化学品对环境、人体有一定的危害性。《危险化学品目录（2018 版）》共收录了 2828 种危险化学品，也就是说，企业用到的绝大多数化学品都属于危险化学品。

通常来说，那些用完了的化学品容器就成了危险废弃物，法律规定必须由有资质的废弃物处理企业进行收集和特殊处理，不允许企业将其当成普通垃圾处理，以免腐蚀生态环境，当然也不允许企业用自来水清洗，以免使工业废水流入城市污水管道。

2016 年，广东一些地方的环保部门加强了对危险废弃物处理企业的监管，要求企业按照法律规定处理危险废弃物。环保部门在调查中发现，一些废弃物处理企业没有按照法律要求妥善处理从企业收集来的危险废弃物，便收回了其经营许可证，市场上只剩下几家合规的危险废弃物处理企业。一时间，这些企业的业务量暴涨。正因为如此，这些废弃物处理企业随即制定出强硬条款：所有企业都要与它们签订危险废弃物处理合同，金额必须在一万元以上，且每年运输不超过两次，每次不超过一吨。哪怕企业一年只有两斤危险废弃物，也不例外。

2016 年，咨询师李强为广东省惠州市一家生产塑料儿童玩具的企业提供管理咨询服务，陪同他的是工厂负责人钱经理。工厂规模不大，一百人左右，属于低端出口加工企业。企业的整体环境不错，生产过程中没有废水产生，塑料玩具用注塑机一次成型，在后续加工过程中使用油墨等少量化学品印上客户的标签。这两道工序都会产生一定的废气，企业也按照法律规定安装了废气处理装置。

玩具厂每年使用的油墨不到50桶，已用完的空桶属于危险废弃物，玩具厂直接将其当成垃圾处理，或者清洗一下做其他用途。但钱经理告诉李强，当地环保部门已有人通知他，要求按规定处理危险废弃物，并给了他一张具备资质的废弃物处理企业名单，让钱经理自行选择。

钱经理打电话咨询过，每家废弃物处理企业都给出同样的答复：每年需要一万元的危险废弃物处理费，如果超过标准，还需要收取额外费用。

这些以往直接扔掉甚至还可以卖钱的垃圾，现在却要花一万元请人运走。钱经理认为实在没有必要，也不愿意接受这样的霸王条款。爱护环境和保护地球是每个人的职责，但面对高昂的成本，他有点犹豫。

李强理解钱经理的想法，现在企业竞争激烈，一万元虽然对企业来说是个小数目，但毕竟是一笔额外支出。

李强积极地寻找解决方案。他想到一个办法，与其他企业共享危险废弃物处理服务。他联系了附近一家规模较大的家具厂，该厂每年使用几百桶油漆和其他一些化学品。家具厂所有的危险废弃物都是交由当地一家合格的废弃物处理企业处理，每4个月处理一次。由于危险废弃物数量较多，家具厂在一万元的标准合同价之外，还需要支付大约3000元的额外费用。

根据最初的方案，家具厂希望废弃物处理企业在收集家具厂的危险废弃物后再顺便到玩具厂收集，但废弃物处理企业知道自己有优势，丝毫不肯让步。于是，最后玩具厂只能选择第二种方案：玩具厂将危险废弃物运至家具厂，一并交给废弃物处理企业。废弃物处理企业并不知道两家工厂之间的交易。

经过李强与家具厂的友好协商，家具厂的曹经理同意一同处理玩具厂的危险废弃物。李强让钱经理将危险废弃物存放在厂内一个安全区域，每次废弃物处理企业到家具厂之前，玩具厂都会将自己的危险废弃物运到家具厂。

两家工厂的经理商定了一个较为合理的价格，2000 元。他们签订了一份简单的协议，同时玩具厂也获得了家具厂和废弃物处理企业签订危险废弃物处理合同的复印件。当环保部门再来检查时，钱经理告诉了相关人员自己的解决方法，并展示了协议和复印件。这并不违反法律规定，环保部门的检查人员没有质疑他们的做法。因此，这个问题以支付较低费用的方式被妥善解决了。

（二）分析

这是一个企业闲置资源共享的典型案例。资源供给方家具厂将其购买的危险废弃物处理服务与资源需求方玩具厂共享。

正如我们前面提到的，几乎所有企业购买的服务都可以当作企业拥有的闲置资源。本案例中的服务资源——危险废弃物处理服务也不例外，只要该服务商还能提供更多的服务空间，就属于闲置资源。

李强在这个资源共享案例中承担了类似于企业级共享平台的角色，发挥了至少三个作用。

➤ 连接作用：了解玩具厂的情况，并找到合适的资源供给方——家具厂。

➤ 推动作用：说服家具厂接受他的资源共享方案。

➤ 协调作用：协调两家工厂，制定合理的价格。

此外，危险废弃物处理服务对家具厂来说，并不是什么重要的资源，共享这些资源不会给家具厂带来任何损失。

（三）值得深思的地方

很快，那几家废弃物处理企业发现了玩具厂和家具厂暗中合作的现象，于是废弃物处理企业制定了新的条款，签订合同的期限都是一年，且明确界定了企业需要处理的危险废弃物类型，任何不在合同中的危险废弃物都不会被接受。

废弃物处理企业的这一做法确保了自己的利益最大化，从市场经济的角度出发，这种做法合情合理。

这就引出了一个值得深思的问题，即如何推动相关企业实现环保资源共享，以降低企业成本，实现多方共赢。废弃物处理企业的做法跟在新冠肺炎疫情爆发期间某些口罩生产商和原料供应商、药店等一样，利用自己的有利地位坐地起价。对此，政府部门和企业，必须进行深入研究，找到一个让多方都能接受的解决方案。

第三节
哪些闲置资源可以共享

⬤○

要想实现不同企业之间的资源共享，企业应当结合自身情况，列出自己所有的资源，并标记出其中的闲置资源，在匹配需求时会更加便利。接下来，我们来分析企业的哪些闲置资源可用于共享。

理论上来说，企业所有的闲置资源都可以共享，但可以共享并不意味着企业需要或应该将闲置资源用于共享，这当中还有其他一些需要考虑的因素。

一、核心资源和配套资源

在实际操作中，我们发现，有些闲置资源无法共享，有些闲置资源可以共享但不一定适合共享，有些闲置资源适合共享且应该尽量共享以获得更多收入、创造更大价值。如一支签字笔和一台电脑，前者价值太低，后者保密性高且使用频率也高，都不适合共享。

我们首先要考虑资源对企业的重要程度，这有助于企业了解哪些资源可以用于共享，哪些资源可以不需要购买而以共享或其他方式获得。

按重要程度来说，企业资源可分为核心资源与配套资源。通常，许多管理学家都认为核心资源至少包括资本和流动资金、企业文化、核心技术及设备，以及人力资源。

不过，在现代社会，分工越来越细，企业类型不同，规模不一，分处各个领域，提供各种产品和服务。对不同的企业来说，其核心资源与配套资源都不尽相同，不能一概而论。

（一）核心资源

在经济学理论中，核心资源没有清晰明确的定义，通常是指构建企业核心优势的资源。我们说核心优势，而不说核心竞争力，因为后者更适用于杰出的、拔尖的企业，而前者适用于所有企业。任何一家企业，只要正常存活，就有它的核心优势。

核心优势是相对于竞争者来说最具有竞争力的某一因素或众多因素。它可以表达为客户购买企业的产品和服务的直接因素，包括高质量、低成本、有特色等，如房地产中介的业务经理巧舌如簧，这能成为企业的核心优势。我们发现，许多小型企业的核心优势其实就是企业主本人，企业的核心技术和关键客户等资源都集中在企业主一人身上。所以，很多时候很难判定小型企业的核心资源究竟有哪些，不过我们会尽量帮助企业明确自己的核心资源。

当企业管理者想了解自身有哪些核心资源的时候，应该先观察，后思考，了解并查看企业所有的资源，然后问自己：我们能在市场上立足的优势是什么？构成这些优势的资源主要有哪些？如果失去这些资源，我们是否无法生存？搞清楚了这三点，就相当于找出了企业的核心资源。

关于企业核心资源的共享，我们有三点建议。

➤ 在通常情况下，核心资源如核心技术、核心设备、核心人才、关键信息、关键客户等都不能用于共享，除非企业遇到危机或企业迫切需要某项资源作为交换。

➤ 在任何时候，核心资源应该为企业创造正常的价值，而不是通过共享获得低于它应有的价值。在资源被闲置时间相对较长时，企业可以将其用于共享，若是资源交换，则应当用于交换企业急需的或可以增加企业优势的资源，而不仅仅是创造价值。例如，在新冠肺炎疫情期间出现的共享员工，因为员工的闲置时间较长，许多企业顶不住压力，才实现员工共享。但共享员工只是为了企业能存活，而不是为了更快发展，更不是为了创造价值。

➤ 对一些企业无暇顾及的核心资源，共享能创造更多的收益。例如，虽然有部分品牌如迪士尼，授权其他企业生产和销售带有米老鼠图案的产品，但绝大多数品牌并不会这么做。迪士尼之所以授权经营是因为它的覆盖面过于庞大，无暇顾及太多市场。迪士尼自己也销售米老鼠相关产品，但共享能给它带来更大收益。

（二）配套资源

核心资源以外的所有资源都可以当作配套资源。配套资源的获得比较容易，大多可以花钱购买或从其他渠道轻易获得。

值得注意的是，有些核心资源和配套资源之间没有明显的界限。绝大多数配套资源都能共享，但是否共享应该视不同情形而定。

➤ 通常，配套资源用于共享对企业经营毫无影响或影响极小。在这种情况下，企业共享这些资源能够获得相应的收益，如降低成本、增加收入，或者交换企业所需要的资源。

➤ 用于共享的资源所能创造的价值相对较高。这里的价值是指资源能够创造的价值，而非资源本身的价值。例如，极少有企业愿意与其他企业共享复印机、投影仪等，因为共享复印机或投影仪给企业创造的价值相对于它们本身的价值来说太低，完全体现不出这些设备的价值。

➤ 对资源需求方来说，减少非必要资源的投入有助于将有限的资本集中在核心资源上，但这种非必要资源的使用频率必须很低。需求方必须在供给方的资源处于闲置状态时才可以使用，所以在无法找到闲置资源时，就只能以正常的价格购买。

例如，企业可能会给每个员工配备一台电脑，但不会给每个员工配备一台打印机。打印机在企业内部属于共享资源，它对个人而言使用频率太低，所以可以共享。这一点放在企业之间也适用。许多小微企业一开始都是从各方面压缩成本，不会购买使用频率低、价格高昂的资源，而是采用租用或共享的方式。

无论核心资源还是配套资源，共享意味着交易，交易就可能产生风险。资源共享与交易一样需要考虑各种潜在的安全因素，如生产安全、财产安全、资金安全、信息安全等。

顺便提醒一下，即使闲置资源适合共享，也绝不能滥用，就像电视广告一样，如果从头到尾都播放广告，会使观众流失。

二、资源共享的多种情形

我们在前面分析企业能够共享的 8 种资源时，涉及一些资源在闲置状态下共享的情形，接下来对资源是否可以共享及是否应该共享做进一步的阐述。由于资源共享的种类太多，不同企业间有不同的共享方式，故只介绍一些常见的例子。

（一）空间资源共享

大部分空间资源都不属于企业的核心资源，因此当它们处于闲置状态时，都可用于共享，如会议室、展会摊位等，甚至一张办公桌也能共享。例如，企业参加国内外各种展览会都有展位，可以用来展示自己的各种产品和服务。有一些实力不足或因为其他原因不能参展的企业可以利用这个机会，或者托朋友帮忙在他们的展位上放一些自己的产品、名片和说明书，或者直接进入展览馆，向前来参展的客户进行宣传推广。至于是否有偿使用，则依赖他们之间人际关系的密切程度了。

部分空间资源的共享还可以改变空间原来的作用，如原先用作生产的厂房，可以当作仓库共享。但改变用途必须符合法律的规定，不能把厂房当成宿舍或临时休息的场所。

此外，长期闲置的空间资源一般不适合共享，更适合租赁，因为资源用于共享是较租赁更为廉价的合作模式。如果把可以租出去的资源用于共享，就降低了资源原来的价值。但也有例外情况，如很多出口企业为了长期获得国外买家的大额订单，在企业内部为买家长期提供免费的或价格低廉的办公场所。

（二）物品资源共享

一般来说，除了代表企业核心技术的尖端设备和价格高昂的精密仪器，其他物品资源都不属于核心资源，在闲置状态下都可用于共享。

物品资源共享大多出现在共享运输设备上，如共享叉车、共享运输卡车等。对其他类型的物品共享，企业会有不少担忧，实现起来有一定困难。

2000 年左右，很多出口加工型企业订单充足，竞争没有那么激烈，工厂员工希望多加班挣更多钱，因此工厂实行两班制或三班制，设备等资源得到充分利用。随着竞争加剧，员工在注重收入的同时也开始注重生活质量，两班倒、三班倒的情况逐渐减少，员工的加班时间也在不断地减少。这时，开工不足的设备等资源就可以用于共享。

物品资源的共享，可以让企业不再花高价购买一些不常用的设备，而将更多的资本投入到增加企业核心优势的资源上。

闲置的物料、产品跟机器设备不同，企业常常在一批订单完成后，感觉赚到钱了，就把闲置的物料和产品遗忘在仓库内，经常到了企业搬迁的时候都舍不得扔掉。实际上，如果这些东西在一年之内用不上，将其共享是最好的解决办法。这种做法至少有三个好处：第一，可以增加现金流；第二，可以减少仓库管理人员的工作量，也免除了以后的清洁、搬运等麻烦；第三，可以减少库存，腾出储存空间。这种共享方式等同于售卖，但又不同于廉价出售，而是找到有需要的企业。这是所有的闲置资源共享中唯一通过出售而非出借的方式，主要原因在于这两类闲置资源在使用一次后便失去了可再次使用的价值。这种让渡是一次性的，无法多次利用。

（三）人力资源共享

人力资源是企业的核心资源。但许多企业面临困境的时候，首先考虑的却是用裁员、降薪等方式解决问题，而不是出售企业资产。这不禁让人怀疑，人力资源究竟是不是企业的核心资源。

从共享的角度来说，只有掌握企业核心技术和关键市场资源的人员才是企业的核心资源。在通常情况下，他们都不在共享的范围之内。

一些企业已逐步摆脱原来的旧观念，开始共享一些对企业而言相对不重要的专业人才，如财务、电工等。当他们在工作量较少的时候，以较低的价格帮别的企业做一些事情，能获取一定的报酬。此类专业人员的共享，受益方应该是企业而非个人，个人利益是在企业利益的基础之上实现的。但没有企业会在意那点收益，一般都是将这些收益分给专业人员，变相地给他们加薪。

在通常情况下，共享专业人员是为了满足企业的特定需求，如有些小企业与其他企业共用一个电工、一个财务等。而共享普通员工，则是为了满足企业在旺季或特殊时期的用工需求，在新冠肺炎期间的共享员工充分体现了这一点。

（四）资本资源共享

资本资源属于企业的核心资源。许多企业家都把现金当作企业至关重要的资源，"现金为王"已成为企业管理中的至理名言。

资本资源共享的第一种形式是有偿借款，一方面能满足企业对资本的短期需求，另一方面在资本有富余的时候也可创造更多的价值。

早些年，很多企业之间都存在借贷关系，这里并非指向专门的民间贷款公司借贷，而是熟人间的借款。借款人支付一定的利息，这个利息高于银行贷款的利息，但低于民间借贷或网络贷款的利息。这种情况其实属于资本共享，它是后来的民间借贷和网络贷款的前身。随着民间贷款和网络贷款受到更严格的监管，资本共享有没有可能取代民间借贷和网络贷款呢？我们将在后文进行详细介绍。

资本共享的第二种形式是为其他企业提供银行担保。

无论哪种形式，资本共享都有较大风险，绝大多数企业不会轻易共享资本。资本共享对企业信用体系的要求非常高。在社会信用体系不发达、不完善的情况下，资本共享的限期不宜过长，一般为 1 个月，最多不超过 3 个月。

（五）供应资源共享

供应资源是否属于企业的核心资源？判断的标准为其对企业的重要程度及可替代性。供应商作为一个整体，对企业的重要性不言而喻，但单个供应商对企业而言并非不可替代的。

共享供应资源的情形非常多见，最大的好处就是能降低采购价格。如果企业在与供应商的谈判中采购数量少、缺乏足够的议价能力，那么与其他企业共享，就能拿到与其他大采购订单同样的价格。

一种常见的形式是，贸易公司承接国际买家 A 量大价低的订单，同时又承接国际买家 B 量小价高的订单，然后将订单一同发往工厂生产。工厂生产买家 B 的订单完全没有利润，但因为买家 A 订单的关系而不得不硬着头皮接下来。此时，国际买家 B 和贸易公司就相当于实现了供应资源共享。许多贸易类的企业深谙此中门道，将这种方法运用自如。

国际连锁餐厅肯德基与它在中国市场的兄弟品牌必胜客共享供应资源，有效控制了采购成本。

（六）服务资源共享

绝大多数服务资源都不属于核心资源，只要有资本，企业就可以轻易地从市场中找到相关的服务资源。

目前，服务资源共享的实例并不常见。但实际上，这是一种非常具有共享潜力的闲置资源。

如企业出资聘请专业的外部培训机构对员工进行培训，企业购买的并非培训公司、培训人员或培训的教材，而是培训这种服务。企业通过培训得到的并不是有形价值，而是无形价值，如员工技能提升、企业产品质量提高等。在没有合同约束的情况下，企业可将此培训服务与他人共享，邀请他人一起参加这些有价值的培训。

但也有不少服务资源无法共享，那些在一段时间内只能给个人或企业等单个整体提供的服务就无法共享，如企业参加国际展览会聘请的专业翻译，就无法同时为两个人或两家企业服务。

（七）市场资源共享

市场资源总共有自用型客户、加工型客户、销售渠道、宣传渠道、售后服务渠道和人际关系 6 个子类。与其他资源一样，我们认为，只有对企业至关重要的市场资源才是核心资源，多数市场资源并非核心资源。

人际关系不用多说，现有的大部分资源共享都基于人际关系。人际关系本身不能创造价值，它的价值是其他资源创造出来的。

宣传渠道也可用于共享。例如，广东万家乐燃气具有限公司与广东神州燃气用具有限公司就曾经共享过宣传渠道。前者的广告词是万家乐崛起于神州；后者的广告词则是款款神州，万家追求。两家企业的两句广告词相互融合，产生双倍效果，共同提高市场份额。

客户资源共享的例子极为常见，通常分四种情况。

第一种，共享客户资源的企业不存在业务关联，如在前文共享会议室的案例中，咨询公司和金融公司之间没有任何业务关联。

第二种，共享客户资源的企业能达成互补关系，即企业提供的产品和服务虽然不同，但存在关联性，它们的产品和服务有互补关系。如为客户完成网站建设的企业，会将客户共享给网络推广公司；房产中介会将其客户与装修公司共享；装修公司又将客户与瓷砖店、卫浴店等装修材料企业共享等。

第三种，共享客户资源的企业属于同一类型，适合同一种客户，但企业所提供的产品和服务不完全相同。例如，做男士服装的企业和做女士服装的企业，做少女服装的企业与做职业装的企业等，它们之间的客户共享也常常发生。

第四种，共享客户资源的企业，无论企业性质、提供的产品和服务，还是客户群体都一样。这种类型的共享很少发生，大部分企业宁愿放弃一个客户也不会将其介绍给竞争对手。不过，此类共享也不是绝对不会发生。如一对老年夫妻到希尔顿酒店住宿，酒店员工告诉他们该酒店已经客满，建议他们去住附近的喜来登酒店，并且为他们提供力所能及的帮助。后来，这对夫妻因希尔顿酒店的贴心服务，成了希尔顿酒店的终身会员。

由此，可以看出，除了至关重要的客户，一般客户都不属于核心资源。把所有客户都当作核心资源的企业通常缺乏足够的市场竞争力。如果企业只注重客户本身，而不是根据客户需求增强自己的核心优势，那么客户流失是早晚的事。

未来的企业级共享，可能最受欢迎也是最容易被开发的共享模式就是客户资源共享。客户资源就像一把万能钥匙一样，几乎可以与所有的资源进行交换。

客户资源共享的理想效果是一加一等于二。

销售渠道共享贯穿于客户共享的各种渠道之中，我们把这一资源从客户资源中剥离出来，这样更容易理解且更直观。

共享售后服务渠道也是近年来兴起的一种新的资源共享方式，即一家企业在某地区建立售后服务渠道，由于在该地区没有足够的用户支撑该渠道，企业便将该渠道与其他需要建立售后服务渠道的企业共享，以便充分利用该渠道资源。共享售后服务渠道与售后服务外包不是同一个概念，它是售后服务外包出现问题后的一种改良。近年来，不少企业发现，将售后服务外包之后，较难保障售后服务做到位，存在恶意向用户加价的行为。一些明明在保修范围内的产品，外包的售后服务人员却常常欺骗用户，要求其购买某些部件，以获得更大利润，而企业是这种恶劣行为的直接受害者。

（八）知识资源共享

绝大部分知识资源都是企业的核心资源，除了关系到企业命脉的核心技术，其他资源都可以用于共享。知识可以同时被多个人、多个企业使用。

例如，近几年非常流行两个知名品牌共同开发产品，开发出的产品一般被称为联名款产品，就属于知识资源共享。企业相互利用品牌资源，为产品注入双重价值，吸引更多消费者购买。许多联名款产品一经推出，立刻销售一空。

知识资源共享主要是为了换取自身所缺的核心资源。联合研发、特许经营等都属于知识资源共享的范畴。

三、案例解析：共享办公室

（一）案例

王明开了一家没有办公场所的微型公司，主要从事企业咨询服务。

公司地址挂靠在当地一个企业服务公司里，注明是集群注册。王明的客户资源都来自朋友间的相互介绍。每当有客户想来公司拜访或参观时，由于没有正式的办公场所，王明只能借故推掉。

有一次，一个非常重要的客户打算参观王明的公司，顺便洽谈一笔生意。王明非常着急，他觉得，客户一旦知道他连一个像样的办公场所都没有，很可能取消这次参观，不利于以后开展业务。

王明找来朋友李强商议如何解决这个问题。李强建议他花一些钱，看看能否暂时借其他公司的一个办公室用一下。

王明联系了好几个人，他们要么不想帮这个忙，怕影响自己的生意，要么觉得自己的公司跟王明的业务根本不沾边，无利可图。眼看客户拜访的时间马上就要到了，李强经过仔细分析，决定和王明亲自去和一个拒绝过他们的朋友叶总沟通一下。

叶总并非不想帮忙，而是不想开这样的先例。但李强不这么认为，他发现王明的业务与叶总的公司有一定的互补性。叶总的公司主要从事企业质量体系认证、产品认证等认证类的业务。也就是说，王明在替该客户提供完咨询服务后，可以向叶总的公司提出认证申请。他们都为同一类客户服务，王明的客户非常有可能成为叶总的客户。

叶总是个聪明人，一点便透，且得知王明有不少这样的客户后，他特意腾出一间小小的、之前为业务总监预留的办公室给王明使用。他不仅承诺免费给王明提供办公室，还承诺，如果该客户选择自己公司的认证服务，还会给王明一定的佣金。

到了客户拜访的那天，他们准备了一下，制作了一块小小的牌子放在办公桌上。客户在公司转了一圈，了解了叶总的公司，对三方参与的会谈感到满意，并与王明和叶总两家公司都签订了合作协议。

此后，王明和叶总进行了多次合作。他们共享最新的行业资讯，共享新知识。叶总也给王明介绍了一些客户，双方从最初的资源共享走向了非正式的战略联盟。

聪明的叶总后来还找了好几个像王明这样的一个人的企业实体，将那间小小的办公室借给他们使用，为自己带来更多客户。

（二）分析

这个案例看起来是共享办公室，实际上更多的是共享客户资源。两家企业提供的服务之间存在互补关系是共享的关键因素，相当于一条龙服务或一站式服务。它们的服务不存在利益冲突，而是相互补充的，更容易得到客户的信任。

当然，如果没有客户资源共享，双方也有可能利用人际关系实现资源共享。不过，人际关系在这个案例中只是起到了一个连接的作用。

实际上，这种互补型的客户资源共享早已被无数小企业和个人使用，正如我们前面提到的，只要企业认为它的客户在使用完自己的服务之后还需要进一步的服务，它就会把客户共享给下一家企业。

但这种方式并不总是奏效的，客户有自己的想法，不容易被一个人的话语所左右。因此，在一般情况下，只有前一家企业的服务做好了，后一家企业才有机会与其共享客户资源。

第四节
闲置资源的处理技巧

●○

如今，企业面对的是动态的、不断变化且又必须去适应的环境。或许，企业今天刚购进一台贵重机器准备用来打一场漂亮的翻身仗，明天就发现自己的产品已经被市场淘汰了；今天刚开发出一项自鸣得意的尖端技术，准备开足马力加大投产，明天就发现竞争对手早已有了同类产品。在市场经济环境下，诸如此类的变化层出不穷，常常让企业不知所措。

市场环境变幻莫测，我们试着重新理解企业的闲置资源，并且从共享的角度分析，来谈一谈闲置资源的处理技巧，帮助有需要的企业渡过难关。

一、闲置资源的处理

（一）"第8种浪费"

日本丰田公司对浪费进行了严格区分，将浪费现象分为生产过量的浪费、窝工造成的浪费、搬运上的浪费、加工本身的浪费、库存的浪费、操作上的浪费、制成次品的浪费。

这7种浪费主要发生在生产过程中，丰田公司经过仔细分析，提出了大名鼎鼎的"准时制生产"（Just In Time，JIT）。

这 7 种浪费不仅造成资源的低利用率，还带来一些闲置资源，如剩余的物料、成品。

不过，企业的浪费远远不止这 7 种，或者说，企业浪费的资源远远不止这些。对于中小企业而言，闲置的资源便是最为明显的浪费，如闲置的设备、积压的库存、闲置的资金、搁置的业务等，这些虽然不一定会继续消耗企业的投入，却是企业资产中的一部分，企业为此承担利息等隐形成本。由此看来，所有的闲置资源在某种程度上都可以看作一种浪费，我们称为"第 8 种浪费"。

当然，企业有闲置资源十分正常，闲置资源并不一定要用于共享，闲置资源也不是一定能够被共享的。无时无刻地使用闲置资源并不现实，就像商场、地铁有很多空间可以投放广告，但绝不能到处张贴广告，不能见缝插针。

（二）闲置资源对企业的影响

当今社会，市场环境不断变化，对企业最直接的影响就是产生大量闲置资源。此外，随着科技的高速发展，产品更新换代的步伐越来越快，企业的闲置资源将会继续呈现快速增加的趋势。一旦某个行业出现一些自动化设备或更高级的设备，就会导致企业原有的设备被闲置，同时导致一部分人员被闲置。

当资源处于闲置状态时，在一定程度上造成了资源的浪费，闲置的资源越多，对企业的不利影响就越大，具体体现在如下四个方面。

➤ 增加企业负担。资源不能被有效利用，有可能导致企业的现金流不足，甚至不得不去贷款以缓解资金压力等，从而加重企业负担。

➤ 财务信息失真。企业的闲置资源过多，财务数据会显得不真实，在财务报告上往往显得资产"虚胖"，不能真实地反映企业的运营状况。

➤ 增加管理成本。闲置资源的管理和人工成本耗费大，造成资源的双重浪费。对于闲置资源，企业不仅需要人工进行管理，且对于整体完好的设备，也需要每年进行维修保养、仓库清点、搬运等。

➤ 投入回报不均衡。有些资源，如市场资源，需要大量的资本投入，还需要一定的时间来培育。如果没有被充分利用，那么这些资源的回报率不足，也会造成资源的浪费，使企业陷入困境。

过多的闲置资源会造成企业亏损甚至破产。例如，网络贷款公司拿到大量投资者的资本，但其无法将资本有效地放贷以获取回报，加上监管趋严，导致大量资本被闲置，从而引发危机，让企业处于破产边缘。

（三）如何有效处理闲置资源

一个企业的闲置资源对另一些企业来说，可能属于优质资源。如何盘活现有资源，开发利用闲置资源，全面优化资源配置，从而全面提高企业的经济效益，都是我们需要探讨的问题。

对于闲置资源，企业通常有出售、出租、共享、闲置、赠送和丢弃6种处理方式。

出售或出租适合长期闲置的或极少使用的资源。资源用于共享是较资源用于企业正常经营或交易更为廉价的使用方式。因此，对于不会再使用的闲置资源来说，企业以满意的价格出售或出租是最佳方式。然而现实常常令人灰心丧气，企业并不能总是将闲置资源卖出好价钱。尤其是对于那些买来没多久还未能完成其使命的资源，若就此长期闲置，无论出售还是出租都是一种浪费。

回到上面说的那句话：一个企业的闲置资源对另一些企业来说，可能属于优质资源。只有找到合适的买家，长期闲置的资源才能最大限度地增加企业收益或降低企业损失。

闲置不是企业处理闲置资源的最佳方式。赠送和丢弃不是本书探讨的重点。当资源用于赠送或被丢弃时，对企业来说，已经不再属于资源。

对于那些阶段性使用或非满负荷使用的闲置资源，通过共享创造价值，可谓企业的最佳选择。

二、共享就是变革

几乎所有的经济学家都会告诉企业管理者：企业要生存，必须及时对周围环境的变化做出反应，企业要对即将到来的变革有所准备。但如何变革？从何处开始进行变革？从来没有现成的答案，管理者也无法照搬别人的模式。

透过企业可能面临的各种各样的变化，我们要告诉读者的是：变废为宝也是一种变革。"废"此处指闲置资源，"宝"就是利用闲置资源创造价值。

（一）突破旧观念

心理学理论认为，人们通常只关注自己预期中的东西，而忽略其他显而易见的刺激。这种习惯让人们容易过滤额外的信息，从而能专注在重要的事情上，更快地做出决策。例如，我们浏览互联网上的新闻，眼角的余光扫到标题，如果不是自己感兴趣的类型，就会直接跳到下一条新闻标题上。这种习惯方便我们在海量的信息里快速找到自己感兴趣的新闻，忽略其他干扰，尤其是网络广告的干扰。但这种模式也有弊端，它会把那些新的东西过滤掉。

要突破旧有的观念非常困难，要形成新的思维方式和习惯更是难上加难，企业也是如此。管理者根据一直以来的经营方式逐渐形成一种惯性思维，他们每天看到大量信息，每天重复相同的内容，因此他们会对预期之外的东西视而不见，即使企业存在闲置资源，也会因为其惯性思维而忽视。

（二）简单的变革

大家都说：变革是找死，不变是等死。变革的难点在于我们无法预见变革可能带来的结果，也许会大获全胜，也许会一败涂地。

很多企业在谈到变革的时候往往以为变革就是采取一些重大的革新措施，而忽略了小变革。其实小变革积累起来就是很大的变革，同样能产生巨大的经济效益。因此，企业要不断寻找能着手改进的小事，即简单的变革。

共享闲置资源就是简单的变革。这种变革方式操作简单，管理方便。它只需要企业管理者改变一下想法，从另一个角度看问题，企业就能利用闲置资源的共享获得丰厚的回报。尤其当企业级共享平台出现后，平台将起到更大作用，企业只需将自己的资源放在企业级共享平台上，发布信息，然后静待客户到来。企业不需要费尽心机地思考变革能带来什么，会产生什么不良后果。企业共享闲置资源，若能实现就能有收获，若无法实现也毫发无损。

（三）资源共享助企业渡过困境

困扰企业经营的一个重大难题就是如何高效利用企业的各种资源，使所有资源协调一致，为企业创造更大的价值。有时候，企业投入某种资源，但其他资源没有跟上，导致已经投入的资源不能发挥最大效用，从而陷入困境。

这种情况并不罕见，企业能通过资源共享的方式走出这一困境。

例如，某制药企业开发了一种新药品，管理者对新药品的前景满怀信心，为此投入大量资金开拓市场，建立办事处，拓宽销售渠道等，但新药品投入市场后，并没有达到预期效果。管理者对市场销售部门的成绩非常不满，而销售部门也以为是自己失职，满心羞愧。后来，企业请外部的市场专家进行诊断，管理者才意识到并非市场销售部门做得不好，而是新药品在市场竞争中并没有太多优势，前期的市场调研存在缺陷。

此时，企业为建立销售渠道已经耗费了大量人力、物力和财力，要重新研发新产品还需要时间，需要更多的投入，但企业自身又急需资金。思前想后，管理者采取诸多方式挽救企业，其中一个收效甚快的方式是：允许已经建立起来的销售渠道，如区域办事处，代理其他企业的药品，即与其他制药企业共享自己建立起来的渠道资源。这种共享方式使企业在短时间内获得不少收益，虽然还不足以弥补前期的投入损失，但给新产品带来了研发资金。

三、案例解析：共享人才，实现三方共赢

（一）案例

被共享的人才主要是对企业而言不那么重要且利用率较低的员工。当他们工作量较少时，帮其他企业做一些工作，可增加他们的收入。无论参与共享的企业是否属于同行，共享此类人才都不影响其核心业务。这种方式与滴滴出行的兼职网约车司机类似，都是利用人员的闲暇时间，不同的是滴滴出行兼职网约车司机做的大多不是本职工作，我们所说的人才共享，人才在本企业和其他企业从事的都是其本职工作，如电工负责电气维修工作，财务人员进行财务报表和报税工作。

近几年，这种共享模式已开始在咨询培训行业兴起（也许其他行业也兴起了），即企业以较低价格聘请一些专业咨询培训人员，按每月的工作量再额外发放奖金，同时企业允许员工在外兼职，但必须优先服务于本企业，即无论他在外有多少兼职工作，都必须先完成本职工作。企业这样做是为了确保它在淡季时不至于背上沉重的薪资负担。

咨询工作者刘超受聘于咨询公司 A，工资为每月 8000 元，无论当月工作量是多少，A 公司都分文不少地支付 8000 元工资，但刘超只能为 A 公司工作，不能在外兼职。随着市场竞争越来越激烈，A 公司发现每年都有几个月无法给刘超安排足够的工作任务。于是，A 公司决定采

取另一种方式，每个月只发放 3000 元的底薪，外加工作任务的提成。第一个任务提成 1000 元，之后每个任务提成 2000 元。如果当月有 5 个任务，那么刘超就能获得 12000 元（3000+1000+2000×4）工资。任务做得越多，工资越高。刘超刚开始不同意这种方式，但他知道目前行业竞争特别激烈，去其他公司未必能有更高的工资。于是他接受了这种方式，但提出企业不能限制他在外兼职。

刘超保证每个月优先完成 A 公司的任务。A 公司考虑到市场环境确实不容乐观，加上了解刘超的工作能力，于是答应了。刘超利用自己的人际关系联系了另一家咨询公司 B 公司，愿意为它兼职，完成每个任务获得 3000 元，但他无法向 B 公司承诺他可以随时为 B 公司服务，必须根据自己的工作时间来安排。B 公司也正面临与 A 公司同样的问题，于是接受了刘超的提议，对于工作的时间，则根据公司员工的任务情况做内部调整。

（二）分析

显然，这是一个对三方都有利的人才共享模式，下面进行具体分析。

➤ 两家咨询公司属于竞争对手，它们之间几乎不可能直接实现人才共享，而是由人才自己找寻被共享的机会。两家公司的收入尽管没有增加，成本也不一定降低了，但缓解了生存压力。企业在不同时段对人才有不同的需求，共享人才可缓解人多了成本高、人少了工作干不完的矛盾。

➤ 同样的模式将来也能推广到更多的专业人员和普通员工上，也能复制到 C 公司、D 公司等。

➤ 为了获得更多的兼职机会，不被市场淘汰，刘超需要不断努力提升自己的专业咨询水平。只有这样，他的总体收入才能比以前更多。

➤ A、B 公司在降低了人员开支后，可以将更多精力和资源投入核心业务。

第五节
闲置资源的分析与利用

当前，绝大多数的企业级共享都是随机行为，"碰运气"的居多。资源共享的实现过程大多按照日常的合作方式，没有固定目标和成熟的模式。要想科学系统地利用闲置资源，为资源供需双方创造价值，必须对闲置资源的利用进行更深入的分析。

一、情景案例分析法

前文介绍了资源的闲置状态、闲置资源在什么情况下可用于共享等方面的内容，现在我们通过一个情景案例来强化下列三种认知。

➤ 哪些资源处于闲置状态？

➤ 处于闲置状态的资源是否可以用于共享，以及如何共享？

➤ 当企业需要某些资源的时候，能否通过共享得到？

假设你正在参观一家制衣厂，从厂门口开始，你就会发现各种不同的资源跃入你的眼帘。

第一个见到的是保安，你也许认为他是普通员工。实际上，保安属于专业人员，他们需要由专门机构颁发上岗证。

接下来，你可能看到在工厂的空地中央有假山、喷泉和花盆，你也许会认为老板浪费了这些资源，这些点缀可有可无。但实际上，这些装饰的价值是无法用现金来衡量的。法国作家维克多·雨果说过，"美和适用是一样有用的，也许更有用"。

在空旷的地上停着一辆小车，司机打开车门放下座椅躺在车里休息。那么，他处于闲置状态吗？不一定。也许，他正等着送一位重要的客人，或者他刚从很远的地方回来，需要休息一会儿，以恢复体力。

你走进车间，工人来来往往，进进出出。你发现有一半的机器空着，如果你没有看到机器上挂着一块写着"维修"的牌子，也许你会认为这些机器正处于闲置状态。

生产主管走过来跟陪同你的经理说要购买一批新的制衣设备，大概需要花费 100 万元，以便在未来的竞争中取得优势。你向生产主管询问：这批新的制衣设备有何不同？是效率更高，还是有不同功能？购买回来之后，利用率如何？是否有足够的订单支撑新设备？旧设备怎么处理？听了你的一连串问题，经理让生产主管想清楚了再来回答。

原料仓库堆满了各式各样的布料，都是以前没有用完的。经理表示，每一批订单都需要多采购 10%，以免不够用，因此几乎所有的布料都会有剩余。但这些布料不会被出售，要么用来制作样品，要么以备不时之需，要么两年后当垃圾处理。你问经理，是否考虑将这些剩余的布料卖掉，因为时间一长，当垃圾处理太可惜。但经理表示，卖掉这些布料不划算，还不到进价的一半，所以不考虑卖掉，而且这些布料将来也可能用得上。

成品仓库只用了不到 1/3，这些闲置资源可否用于共享呢？很难说，仓库有可能很快就被摆满了，也有可能很快就被清空了并且在未来 3 个月内都不会被使用。

经理告诉你，过两天正在生产的这批服装完成之后，员工就可以放一个月的长假了。客户不久前取消了一批订单，使工厂措手不及，工厂只好让员工休息一个月。幸好客户预先支付了30%的货款，可以让工厂发放底薪给员工。

你问经理：能否让员工去别的工厂帮忙干活，很多工厂都缺人。经理回答：这是个好主意，但还有不少问题需要协调处理，这涉及法律风险和安全风险。你接着问：员工停工，车间也要停产，所有的设备都将处于闲置状态，有什么办法能将员工和设备利用起来？

接着，经理领着你去了办公室。技术开发部正在制作下一批订单的样品，样品室里堆满了各种材料，如纸板和以前制作的样品。所有的样品都是贴牌生产。

你问经理是否考虑过做自己的品牌。他表示，说来容易，实现起来非常困难。厂里曾经尝试过，由于投入太少，收效不大。如果投入太多，风险又大，还是选择贴牌安全稳当，虽然收益少，风险也小。

采购部员工拿来一张采购报价单请经理签字。经理奇怪地问了一句：为什么这批布料价格更高？采购员表示这是一批小订单，供应商不肯降价。不妨思考一下：用什么办法能以更低的价格买到这批布料呢？

财务部刚做完财务清算，他们告诉经理企业目前资金有些困难，客户推迟付款一个月，需要一笔银行贷款支付供应商的货款。但银行限贷，他们可能不得不求助于民间贷款，利息非常高。你插话问：是否可以与供应商协商，以支付一定利息的方式暂缓付款呢？

二、科学利用闲置资源

上面这个常见的情景，是一个发现和分析闲置资源，以及思考如何共享闲置资源的绝佳案例，我们可以思考两个问题。

第一，每家企业有许多资源都处于闲置状态或半闲置状态，这些闲置资源在理论上都是可以被共享的。那么，如何系统地、有目的地共享闲置资源，让它产生更多价值？

第二，每家企业或多或少存在一些资源短缺的问题。企业要购买所需要的全部资源是不现实的，因为资源短缺的问题总会发生。那么，是否可以利用其他企业的资源呢？是否可以通过共享的方式以较低价格获得资源呢？

（一）先了解，后判断

分析和判断闲置资源不能仅仅依赖"看"或"想当然"。在上面这个案例中，我们不仅要用眼睛看，还要靠嘴巴问，然后再动脑子想，才能对公司的现实情况有一个全面真实的认识。因此，企业管理者不仅要思考现有的闲置资源能否用于共享，还要思考有哪些资源可以通过共享获得，毕竟每一家企业的资源都是有限的。

在整个分析过程中，只有通过初步了解，深入观察，理性分析，最后才能做出精准判断。

（二）不拘泥于习惯

换个角度思考问题，常常能带来意想不到的惊喜。

作为管理者，当看到资源正处于闲置状态时，不妨先问：能否做到不闲置这些资源？是否可以通过其他途径利用起来？

资源对本企业的作用与对其他企业的作用可能会不一样，但都可以发挥作用。例如，在共享员工的案例中，我们看到不少专业人员做着普通员工的工作，这与他们在原企业的价值和作用都不一样。如果企业管理者将思维局限在"资源只能这样用"的范围里，则将大大束缚其创造力。

（三）提前计划

众所周知，未来最确定的一件事，就是存在不确定性。为此，我们需要时刻做好应对不确定性的各种准备。

共享员工给了我们一个非常重要的启示：当预知某些资源即将处于闲置状态时，需要提前计划。

客观来说，我们很难预料到类似新冠肺炎疫情事件的发生，但对于企业自身的资源，未来会否处于闲置状态是完全可以预判的，提前做好准备，就不至于手忙脚乱。

（四）从用途出发寻找共享伙伴

在企业内部，团队与团队之间是独立的，又是互补的，从而产生整体大于部分之和的效果。进行资源共享的企业如同企业内部的不同团队，既独立又互补。

企业之间的资源共享并非简单的供需关系，而是互补关系。双方都是利用对方的优势，弥补自身的不足。但要找到合适的合作伙伴并非易事，为此，企业可从资源的实际用途出发，寻找共享伙伴。

三、案例解析：共享培训，两全其美的好办法

（一）案例

浙江省慈溪市是我国著名的小家电工业城，诞生了不少知名家电品牌。这些企业有一个共同的特点，既有自己的品牌，也给国外一些知名卖场和网上商城等做贴牌加工生产。这些小家电企业，大多从贴牌生产开始做起，随着生意越做越大，有了一定的资本，再进军国内市场。由于出口产品的品质要求一向严格，只要打造好品牌形象，攻占国内市场问题不大。这些企业的产品价格不高，质量也不错，在给自身带来利润的同时，也为消费者提供了更好的产品。

但国际市场与国内市场的差别非常大。在国际市场上，只要产品质量过关，价格合适，满足客户一些特定需求，管理水平能跟上，即可牢牢站稳脚跟。而在国内市场上，打造品牌是一个非常漫长且艰难的过程。

2005 年左右，慈溪市一家尚具规模的家电厂准备进军国内市场。老板罗先生联络了好几个做品牌战略和企业文化的咨询公司。当时，国内的咨询业生意普遍很好，通常名气越大的咨询公司要价越高。很多想打造品牌的老板都抱着同样的想法：宁愿多花点钱，也要把品牌做起来。但部分咨询公司的报价高得让人受不了。

　　罗先生还了解到，建立品牌和建立渠道是两码事。咨询公司只负责建立品牌和企业文化，之后的销售渠道还得靠他自己想办法。最后，罗老板遴选出三家咨询公司，A 公司价格相对便宜，但名气不大；B 公司价格适中，名气还可以；C 公司价格最高，几乎是 B 公司价格的两倍，名气大，有不少成功案例。

　　罗先生对培训提出的要求是：既要系统地介绍企业文化和管理体系的知识理论，又要具备实用性和可操作性。B 公司负责与罗先生接洽的是业务经理小方，他深知罗先生的个性，有闯劲儿，但不莽撞。罗先生找他谈的次数最多，时间最长。对罗老板来说，如果小方能给出 A 公司的价格，并且服务不打折扣，那他会毫不犹豫地签下合作协议。但小方表示，公司已经给出了底价，如果再降价，是自贬身价。B 公司绝不答应低价竞争，在整个市场处于飞速发展的时期，自降身价意味着自寻死路。而名气最响、报价最高的 C 公司已经被罗先生排除在外了。

　　罗先生的一些朋友是慈溪市小有名气的企业家，他们都与罗先生有同样的想法。一向精打细算的袁先生是其中一个。他盘算着，如果罗先生花巨资请 B 公司做培训，他就和一个副总一起去旁听几节课。一天，袁先生私底下跟罗先生提及旁听的事。罗先生想了想，不便拒绝，只能随口敷衍几句，算是答应了。

　　晚上，罗先生回想起袁先生的话，忽然灵光一闪，既然袁先生也想建立品牌，建立企业文化，何不让他也掏一些钱，一起参加这次培训。第二天，他便跟袁先生打电话，表示如果他愿意掏一小部分钱，自己可以请一家较好的咨询公司。否则，只能按公司的预算选择价钱最低的那家。袁先生很爽快地答应了。有了袁先生的共同参与，罗先生与 B 公司签订了协议。

整个品牌战略和企业文化的培训项目长达一年，罗先生支付给 B 公司的咨询费高达 70 万元。罗先生向袁先生收了 20 万元，自己则花了 50 万元，正好符合自己的预期。

（二）分析

在这个案例中，两家想做品牌建设和企业文化的公司共享了这次咨询公司提供的培训服务。

这次培训属于罗先生购买的服务，在协议中，咨询公司强调"双方在执行本合同的过程中，对于知悉的对方的一切商业或者技术信息，双方均有保密义务，未经对方书面许可不得向任何第三方透露或者擅加利用"。但这样过于宽泛的条款对罗先生没有什么约束力。假如袁先生的副总是他的下属，或者假如他的员工接受培训后辞职去了别的企业，难道不可以把自己的知识和经验带过去吗？这种约束显然不具有可操作性。

目前，小范围的资源共享案例很多，但一个项目就能节省几十万元的案例并不多见。在这个案例中，罗先生以资源共享的方式和较低的价格取得了满意的结果。

袁先生也颇为满意，虽然培训场地不在自己的公司，但一年下来，参与培训的几个人学到了别人要花费更高的价格才能学到的东西。

在本案例中，咨询公司肯定不会认为培训老师的知识资源是闲置的，但购买了培训服务的罗先生认为这些知识是闲置资源，多几个人分享知识并不损害培训老师的利益。由于培训人数不限，增加培训的人数不会增加成本。最后，本次培训取得了三方共赢的完美结果。

第六节
正视风险但无须杞人忧天

◖◗

在新冠肺炎疫情期间，共享员工不但为企业缓解压力提供了一个新的思路，也为实现企业级共享经济带来了重要的参考和研究价值。针对共享员工可能存在的风险，经济学者和法律专家列举了一些风险，如法律风险、人事管理风险、安全风险等。

我们倡导并努力让企业级共享经济成为现实，但绝不低估或回避风险，相反，我们要正视风险。需要说明的是，企业的经营活动一直存在着各种风险。其中，绝大部分风险都与企业是否共享闲置资源无关，风险并不会因为企业没有参与资源共享而消失。

换句话说，资源共享可能会产生新的风险，但通过分析、约束和有针对性的应对，很多风险是可以被防范和化解的，不必杞人忧天。

一、风险概述

（一）风险是客观存在的

法律专家在分析共享员工的风险时，列举了如下情况。

➤ 被共享的员工可能面临社会保险、工伤认定、工伤赔偿等复杂问题。

➤ 当员工遇到拖欠工资问题时，维权可能比较困难。

➤ 当共享员工进入新企业工作后，劳动纪律面临新问题。

➤ 参与员工共享的企业，其商业秘密和核心机密可能被泄露。

➤ 当员工共享期满时，如果不愿意回原单位，容易引发不同单位之间的纠纷。

这些潜在的风险，本节会详细谈及。此处，我们只做一点说明：在企业正常经营活动中，上述风险都是客观存在的。例如，企业的技术骨干跳槽至竞争对手那里，同样会涉及原企业的商业秘密或核心机密被泄漏等问题。

（二）风险的种类

事实上，风险无时无刻不存在。敢于冒险的企业常能把握机会，而墨守成规的企业则容易错失良机。企业级共享通常有两个或多个参与方，每个参与方的风险并不相同，因此，在拟定资源共享的合同或协议时，每个参与方的潜在风险都需要考虑在内。

风险的种类繁多，我们无法将每种风险都一一列举，但可将风险划分为法律风险、商业道德风险和经营管理风险三种。所有风险都可归于这三种基本风险之内，且三种风险存在一定的交集。

例如，共享员工的工资、社会保险等所有涉及相关法律法规的问题，都属于法律风险；员工共享期满后不愿意回到原单位，则属于经营管理风险；在共享期间出现的工伤等情形，属于安全风险，这种情形既牵涉法律问题，也涉及企业经营管理问题。

企业明确风险的分类方法，在拟定资源共享的合同时，就可明确各参与方的相关权利和责任，将可能的潜在风险扼杀在萌芽状态。

（三）国家的法律支持

目前，鉴于企业级共享经济是新生事物，国家和地方并没有出台相关的法律法规。企业之间的资源共享，仍主要以《中华人民共和国公司法》为主的相关法律法规为依据，以约束企业自身及企业合作的经营行为。

目前，国家从宏观层面支持面向个人消费者的共享经济，主要表现在以下几点：

➤ 对持续行为，政府采取"鼓励创新、包容审慎"的原则。

➤ 引导平台企业建立健全投诉和纠纷解决机制，保护各方合法权益。

➤ 利用大数据监测、用户双向评价、第三方认证、第三方信用评级等手段和机制，健全相关主体信用记录。

➤ 大力推动政府部门数据分享。

➤ 加强释法、修法工作，根据需要及时研究制定共享经济的管理办法。

➤ 倡导各地区、各部门担起责任，主动作为，不断完善发展环境，创造良好的社会预期，务实推进共享经济健康快速发展。

很显然，这些支持同样适用于面向企业的共享经济。

二、法律风险

在几种风险中，我们都以共享员工作为案例，来分析可能存在的风险。对每一种风险的防范，我们既要考虑资源供给方，也要考虑资源需求方。

共享员工在法律上被称为业务借调。根据法律的解释，劳动者只能与一家企业建立劳动关系，由于业务上的需要，该企业临时将其"借给"另一家企业，另一家企业对其进行实质上的管理。这种业务借调类似项目外包、劳务派遣。因此，员工的工资、社保等法律风险都由资源供给方承担，资源需求方付款给资源供给方，但并不对资源供给方是否支付员工的工资、社保等问题负责。不过，资源需求方在资源共享之前，应该对资源供给方的背景做一定的了解，即尽职调查，如是否存在拖欠工资的行为，是否为员工购买社会保险等，以免后顾之忧。由于大多数共享员工的行为都是由地方政府或行业协会推动的，因此，背景调查的责任由地方政府或行业协会承担，如果在企业级共享平台上实现，则由平台承担。

当然，尽职调查的责任与问题发生后的责任是分割的，也就是说，共享员工的原企业不支付员工工资，最后的法律责任依旧由原企业承担。参与共享员工的企业，其相关的法律责任，跟企业使用劳务派遣公司的派遣工一样清晰明确。

参与资源共享的各方首先要考虑的法律风险是，各参与方是否合法经营，不能从事违法犯罪的经营项目，以避免将来可能招致法律风险。这一点在所有的资源共享，乃至所有的企业合作、企业交易等经营活动中，都是最基本的。

合法经营可以化解绝大部分企业在资源共享中的法律风险，实际上，无论哪种类型的企业合作，都需要确保合作双方合法经营。例如，皮革类工业园区的企业共享污水处理设备，资源供给方应该确保资源需求方在合同约定的范围内排放污水，不能超过标准；资源需求方应该确保资源供给方的污水处理设备正常运作，不能直接排放。再如，在前文共享信息资源的案例中，吴霞应确保自己无偿分享的市场调研报告是合法所得的，而非盗窃其他企业的知识产权。

三、商业道德风险

商业道德风险是企业合作中最常见的风险，具体涉及商业机密、商业诚信、商业竞争等方面。

（一）商业机密

在共享员工中，法律专家提出的商业道德风险，主要集中在新的用人企业的商业秘密或核心机密的保密问题上。

我们反复提醒，在非紧急情况下，企业不应该共享其核心资源。有了这种必要的防范，大多数的资源共享都不会涉及参与方的商业秘密或核心机密。事实上，对自己的核心机密，企业不仅要防范外部共享员工，也要防范内部员工。

一般来说，共享案例涉及商业机密风险的很少。一旦企业进行资源共享，在涉及商业机密时，参与方可以制定更多的条款，来约束彼此，防止商业机密被泄漏。

例如，在前文共享信息资源的案例中，如果房地产开发公司将市场调研报告据为己有，既不接受房地产代理公司作为其独家代理商，又窃取了吴霞的市场调研报告，就存在商业机密风险和商业诚信风险。不过，房地产代理公司的吴霞在无偿共享这一报告时，就已经做好了最坏的打算。

（二）商业诚信

随着市场经济的高速发展，商业诚信越来越被企业所重视，"诚信"一词被许多企业纳入企业文化，也是很多企业家经常挂在嘴边的热词。

未来，当企业级共享平台出现后，基本的商业诚信调查可以由平台完成，如果企业被国家的相关机构纳入不诚信名单，则平台可将该企业排除在外，不得参与资源共享。

此外，在商业诚信中，还涉及对共享资源的利用。Airbnb 的共享房屋模式在中国市场难以推广，主要原因是一些资源需求方滥用、不尊重被共享的资源，存在诚信问题。

（三）商业竞争

企业之间的商业合作，有时也会从合作走向竞争。

在资源共享过程中，商业竞争的风险主要发生在核心技术、市场资源和供应资源这三种与市场竞争有关、可能增强竞争对手的优势或降低自身优势的资源的共享行为中。如前文谈及的共享办公室案例，王明使用了叶总的办公室，他的风险在于叶总可能会把他的客户介绍给其他与王明一样的企业管理咨询人员，而叶总也会担心他介绍给王明的客户会被王明推荐给其他人。

四、经营管理风险

（一）管理风险

在共享员工中，法律专家提到两个与企业经营管理有关的风险：一是共享员工进入新企业工作后的劳动纪律问题，二是员工共享期满不愿意回原企业引发的企业之间的纠纷。前者的风险来自资源需求方，后者的风险来自资源供给方。

不过，像上述几种风险一样，这两种风险不只在资源共享中发生，在企业正常经营中也经常出现。

"谁也不知道共享的员工会不会在新冠肺炎疫情过后选择留在接收方，从而造成输出方的人员流失。"这个顾虑在共享员工时，已经被很多人提了出来。不过，我们认为，这样的担心其实完全没有必要。因为，谁也不能确定招进来的员工是否守纪律，也没人知道员工会不会在下个月跳槽到竞争对手那里。

（二）安全风险

如前文所述，一些其他类型的风险，如安全风险等，都归于企业的经营管理风险。在共享期间，参与方须确保共享资源安全，如果出现安全问题，则可能产生法律纠纷。

例如，共享员工的资源需求方，要加强对员工的培训，提供约定的劳动条件，防范工伤事故的发生，同时需要了解员工在原企业是否购买了工伤保险，其购买的工伤保险是否在本企业也适用等。如果不适用，则需要重新依本企业的情况为共享员工购买工伤保险。

一般来说，安全风险来自两个方面：一是资源供给方应确保资源的安全性，二是资源需求方应维护资源的安全性。

例如，在共享会议室的案例中，金融公司需要确保业务员在给前来参加座谈会的人员介绍公司情况时，不能过多地推荐，以免引起客户不满，从而降低体验感。这对资源共享的双方，咨询公司和金融公司都是有害无利的。咨询公司也不得滥用会议室，如不能有乱丢垃圾、在会议室抽烟等行为。

五、风险防范

多数闲置资源共享是企业之间的一种浅层合作，是企业正常经营的一种有益补充。因此，在资源共享的过程中，企业注意一些要点即可，其中大部分交由专业平台解决。

在企业级共享过程中的绝大多数风险都在可控范围之内，既不要夸大，也不能无视。我们建议采用以下三个步骤，对资源共享的风险做基本的防范。

第一步：对合作伙伴的背景做尽职调查

基于人际关系的资源共享，企业通常都能了解共享参与方的基本情况，如信誉、诚信、经营范围等。在更大范围的企业级共享中，不同企业之间缺乏了解，因此需要对相关各方做一定的尽职调查，这一工作主要由企业级共享平台负责。调查方式可以是利用大数据、人工智能和 5G 技术的网络方式，也可以是实地调查方式。

淘宝最开始并没有对其店铺进行尽职调查，而是将企业是否合法经营、是否诚信、信誉如何等基本情况建立在用户评价及企业保证金方面，因此在早期出现了不少问题。近几年，淘宝开展了对店铺进行尽职调查的行动，取得了不错的成效。

第二步：列出共享资源可能存在的风险

资源共享的风险相比企业之间的普通交易更多，需要关注的风险点也更多一些。对此，企业级共享平台可以列出共享资源可能存在的风险，如资源的安全性、可靠性等，方便相关参与企业查阅和对比。

第三步：制定应对措施

明晰了资源共享可能存在的风险，接下来就要制定相关的应对措施，并将风险和应对措施都列入共享协议之中。

假设前文共享会议室的案例不是基于人际关系，而是基于企业级共享平台的行为，则可以列出如下风险点。

➤ 咨询公司须确保金融公司不破坏会议室及其设备，并保持会议室干净整齐。

➤ 金融公司须确保其只对参加座谈会的人员做简单介绍，时间不超过 5 分钟，不得强买强卖等。

六、案例解析：共享食堂

（一）案例

某皮带厂位于号称"世界工厂"的广东省东莞市，主要为一些国际品牌生产、加工中高端皮带。2005 年左右，该工厂有 2000 名员工。随着市场竞争加剧，皮带制造技术日趋成熟，国际买家逐步转向国内其他地区的加工厂或东南亚国家的加工厂。此后，这家皮带厂添置了一些自动化设备，到2015年，其员工数量已经缩减到不足200人。

这家皮带厂原本有三座生产厂房和两栋宿舍楼。2014年，工厂一分为二，在厂区中间砌了一道墙，将两栋厂房和一栋宿舍楼隔开，出租给另一家电子厂。从那时起，皮带厂的老板便无心打理工厂，加上年事已高，他将工厂交给副总经理叶先生全权打理，自己每年只看财务报表。叶先生经验丰富，对皮带厂颇有感情，尽心尽力，最近几年，工厂的生意还可以维持。

皮带厂留下来的员工大多是老员工，技术熟练，经验丰富。他们大多出生于20世纪六七十年代，不仅富有吃苦耐劳的精神，还有省吃俭用的传统美德。皮带厂的工资比较低，部分员工在晚上和周末选择做零工或开兼职网约车，以补贴家用。皮带厂给每一位员工都购买了社会保险，大部分员工并不因为工资低而离职。

皮带厂自从将两栋厂房和一栋宿舍楼租出去后，原先的员工食堂也被出租了。刚开始，为了让员工适应，皮带厂从外部食堂购买快餐，但只在工作日的中午供应午餐，每份快餐12元，晚餐则由员工自己解决。这些员工大多在附近的小饭店简单地吃一份快餐，花费10~15元，再加上早餐，偶尔吃点夜宵，每天的伙食费20多元。之前，一日三餐由皮带厂免费提供，员工能省下不少钱。现在，即便是最懂得精打细算的员工，每个月也不得不花上六七百元才能填饱自己的肚子。更重要的是，他们认为外面送来的工作餐质量太差，存在卫生问题。

员工表示不满，希望企业能利用宿舍一楼重新开办食堂，但叶先生并不同意。

到皮带厂做咨询的李强了解了这些问题，提出了共享食堂的建议。这个提议很快得到了皮带厂中层管理人员、办公室人员和员工代表的赞同，叶先生无法否决，便任由他们自己去解决。

皮带厂的行政经理王小姐联系了租厂房的那家电子厂，询问是否可以与他们的员工共享食堂，但对方以太麻烦为由拒绝了。

王小姐又问了附近几家企业，都没有获得同意。李强忽然想到，这些企业没有同意的原因并非是觉得太麻烦，而是没有看到其中的利益。他了解到电子厂的食堂属于外包服务，不像其他企业那样由内部聘请厨师和厨房工作人员。电子厂员工共 250 人，按每天三餐每人 18 元的伙食标准支付给食堂承包商，并对食堂制定了伙食标准和卫生要求。食堂承包商每年盈利并不多，连老板都不得不兼任厨师和食物采购员，利润微薄。如果不是靠食堂的小卖部增加一些额外的利润，一年下来可能会亏本。

李强同皮带厂的行政经理王小姐先说服了电子厂的行政经理，然后与食堂老板接洽。通过简单的洽谈，皮带厂同意按每天三餐每人 20 元的伙食标准支付给食堂承包商，享受与电子厂员工同样的伙食待遇。

三方很快拟定了合同。在这种模式下，员工既省了钱，也能吃到更加健康、放心的餐食了。皮带厂的员工满意度提高，人员流动率也降低了，管理起来更为轻松，同时降低了招聘成本、培训成本等隐性费用。食堂承包商因为多了近 200 人的伙食费用，利润自然也多了一些。

（二）分析

这个案例提醒我们，涉及员工的事，就算看起来是一件简单的事，也应该认真解决。员工就餐问题，如果解决不好，除了影响员工的情绪，还会间接影响产品质量和生产效率。

皮带厂与电子厂共享食堂，主要的风险在于食品安全。无论皮带厂还是电子厂，员工都面临同样的风险，正如前文所说，该风险与资源是否共享没有直接关系。

资源供给方即电子厂和食堂应确保食品安全，以及相关的配套设施安全可靠，如做好厨房的日常清洁、消毒、杀菌等。资源需求方皮带厂的员工应安全使用食堂服务，不在食堂吸烟、不恶意损坏相关的配套设施等。

电子厂并不需要付出额外的管理成本，前来吃饭的员工按照约定的方式进入电子厂管理的食堂，吃完后马上离开。食堂需要多提供近 200 人的伙食，只需要增加一名厨师，边际成本降低了，利润自然增加了。

第三章

看模式：企业级

共享模式

企业级共享的实现并不像扫码开锁那样简单，更不像去菜市场买菜，一手交钱，一手交货，而是有一定的限制条件。从目前来看，它有 3 种基本模式，从中又能衍生出各种不同的形式。

前文探讨了企业级共享的基本内容，从本章开始，内容将涵盖企业级共享和企业级共享平台两个方面，尽量让资源共享在企业级共享平台上具有实操性且对各方都有益。

此外，我们还分析了四种特殊的共享模式。这四种模式都已悄然出现，代表着企业级共享未来的发展方向。

第一节
基础模式：单向共享

单向共享模式是最简单、最基础的企业级共享模式，后面几节谈到的几种共享模式，都是在此模式基础上，用不同的组合方式变换而成的。

同时，我们试图重新构建一个网络贷款平台，重塑借贷行业并尽量使该平台具备可行性。

一、单向共享概述

目前，常见的共享行为，如共享汽车、共享单车、共享充电宝等，都是单向共享，即资源供给方有偿让渡闲置资源的使用权，资源需求方以货币方式有偿使用闲置资源。以货币支付而不是以其他资源交换，这是单向共享模式的第一个主要特征。

前面谈到的资源共享案例，有不少是通过人际关系实现的，资源需求方既没有支付任何费用，也没有交换除了人际关系的其他资源。但在企业级共享平台上，纯粹以人际关系为纽带的资源共享将不复存在，所有的资源共享都以货币结算或以等值的资源交换，后者也可以转化为货币形式。

单向共享的第二个特征是参与资源共享的成员只有两个：一个是资

源供给方，另一个是资源需求方。

单向共享并非单一资源共享，也可以是多种资源一起共享。例如，在共享食堂的案例中，共享的资源包括餐厅的空间、工作人员的服务、餐具等资源。

曾有人提及过"共享工厂"的概念，这是一种通过互联网平台，利用生产线的空档期，实现企业闲置资源高效利用的生产方式。这个概念目前无法支撑一个企业级共享平台的正常运营。同样，也有人提出过一些其他类型的单一资源共享模式，如共享设备等，也无法撑起一个企业级共享平台。其中的关键是，共享单一资源的企业难以达到一定的规模。

换句话说，只有把所有可共享的资源放在一起，利用不同的共享模式，才有可能撑起一个企业级共享平台。

我们回顾一下前文谈及的单向共享的例子，如共享员工、共享危险废弃物回收服务、共享食堂、共享人才、共享知识产权、共享叉车。接下来，我们还要谈一谈共享资本。

二、资本共享，重塑网络贷款平台的新型模式

2019年，可谓民间借贷和网络借贷的暗黑之年，借贷行业发生了翻天覆地的变化，时不时曝出民间借贷公司或网络贷款平台倒闭的新闻，大量投资者血本无归。

（一）民间借贷公司倒闭的真正原因

有观点认为，民间借贷公司倒闭的主要原因，在于其没有足够的风险控制能力，以及缺乏第三方的资金托管。此外，还有部分观点认为，主要原因是缺乏有效监管和缺少信用体系的保障等。

然而，这些只是民间借贷公司倒闭的表面原因。我们需要挖掘这些外在现象背后的深层次原因，看清民间借贷的真实面貌，探讨利用资本

共享重塑民间借贷的可能性，引导该行业朝着健康、积极向上和利国利民的方向发展。

民间借贷公司的借款手续简单、放款快、放贷的要求低，公司为了获取短期利益，容易演变成非法违规的高利贷和套路贷。近年来，国家相关部门加大对各种非法借贷行为的打击力度，民间借贷公司的倒闭潮已无法避免。通常，民间借贷公司的操作方式为：部分有闲钱的个人，觉得将钱存入银行或购买国家债券虽然稳定，但收益太少，于是将钱放进那些号称资金安全、可靠的民间借贷公司及网络贷款平台，年息一般为20%~30%。早年个别民间借贷公司为了吸引更多的投资者，甚至许诺60%的年息，即月息5%，意味着投资者借出100万元，每个月可以收到5万元的利息。投资者不用管民间借贷公司如何处理他们的资金，无论资金是否贷出去，到了每个月月底，投资者都能收到利息。显然，这种借贷方式极不科学，也不稳定，风险极大。

我们来分析一下民间借贷公司的借款方，看看其是否有足够的能力偿还如此高昂的利息。

民间借贷公司需要利用投资者的资金创造更高的价值，意味着公司需要以更高的利息，如40%~50%的年息将这些资金贷出去，而且周转要快，闲置时间要短，才能维持公司的运营。正规的民间借贷公司并不总是依靠非法手段生存，其中急需资金的企业或个人是它们的目标客户。这些企业或个人因为资金短缺，需要一笔资金进行周转，承诺到期后连本带利归还。借100万元，每月支付4万~5万元的利息，如果年底归还，则需要支付48万~60万元的利息。这种高成本的借款，意味着资金的高风险。

试想一下，现在还有多少行业能赚取这么高的利润？在正常情况下，借款的企业和个人很难找到高回报项目来维持这么高的借贷利息，所以，最终还不上借款也就很常见了。因此，民间借贷公司成批倒闭，并不令人意外。

简单地说，民间借贷公司相继倒闭，根本原因在于其商业模式是错的。

（二）资本共享能否让民间借贷行业重生

对民间借贷公司商业模式的深入分析，并非要对其口诛笔伐，而是为了让大家更深入地思考企业闲置资本共享的可行性。

其实，早在民间借贷公司和网络贷款平台出现之前，基于熟人关系的民间借贷已经大量存在了。几年前，让人闻风丧胆的"炒房团"就是将个人的钱汇集到一起，进行房产投资，通过炒高房价获取高额利润。在此模式下，一些人有闲钱，一些人借钱生钱，双方利用闲置资金共同赚钱，相当于资本共享。通过这种模式，我们可以看到，资本共享有其发展基础，但要引导其健康发展。

借出人的资金平时存放在银行，如果存的是活期，属于闲置资金，可随时取出，但收益很低。因此，精明的人都不愿将钱放在银行，希望能通过投资获取更多回报。这些人把钱借给他们信任的亲人或朋友，大多能拿到20%左右的年息。但这种信任关系后来被部分人破坏了，于是有钱出借的人慢慢投向民间借贷公司的怀抱。

我们探讨的资本共享与此相似，但只在企业之间发生，且利息不高于法律规定的最高民间借贷利息。如果企业有需要，在保证资金安全的情况下，从其他有资本的企业那里借款，单次使用的利息为月息2%，到期连本带利一起归还，或者先扣除利息。企业级共享平台在资本共享中只充当中介角色，起撮合作用，搭建起资本供给方和需求方之间的桥梁，不承诺给予资金在闲置状态下超过国家法律规定的收益，也不承担任何风险，但需要负尽职调查的责任。

事实上，资本共享在银行限贷、企业资金压力较大、经济大环境不佳时，应该是相当有效的。很多企业在急需资金时，不惜铤而走险借高利贷，很容易背上沉重的债务，陷入恶性循环。资本共享的成本相对较低，可减少企业融资压力，保障企业健康运营。

当然，考虑到资金的安全性问题，资本共享应该采用与银行贷款同样严格的要求，对借款方进行严格审查。企业级共享平台可收取相应的审查费用，但不能为了经济利益而轻易利用"手续方便，放款快"等口号吸引企业借款。

必须说明的是，目前，有关资本共享的实践案例尚不多，其可行性如何，尚需有需求的企业进行尝试，不断积累经验。

第二节
高效模式：双向共享

◐

双向共享模式代表了"共享"的真正含义，而且也是目前最为高效的模式。下面，我们针对相关概念、理念及案例进行具体解析。

一、双向共享概述

（一）什么是双向共享

在很多时候，资源供给方并不愿意廉价让渡自己的资源，他们认为微薄的收益没有吸引力，在此情况下，资源需求方不得不利用自身的资源进行交换，这就是双向共享。例如，在共享会议室案例中，如果咨询公司不用客户资源作为交换，那么像金融公司这种"财大气粗"的企业很难对区区几千元租用会议室的费用动心。

参与双向共享的双方企业既是资源供给方，也是资源需求方，双方相互交换各自的闲置资源。

从理论上来说，所有以人际关系为纽带的资源共享也属于双向共享，但我们在前面提到过，在企业级共享平台中，人际关系将被货币代替。因此，那些不再适用于人际关系的共享形式，就需要用货币或其他资源进行交换。

双向共享，存在无数种组合，只要参与资源共享的双方觉得可行，就存在合理性。例如,你希望共享对方的叉车,可以让财务人员帮对方做财务报告;你希望使用对方的精密仪器,对方可以利用你的担保能力作为交换条件去获得银行贷款;你希望共享对方的专利,对方可能需要共享你的市场渠道等。关键在于,资源共享的双方,在利益上应保持均衡,这是资源共享的原则之一。

我们发现,单一(并非单向)的资源共享,所带来的经济效益相对而言并没有太大吸引力。在这种情况下,共享资源的种类还可以增加,这样可产生更大的有形价值和无形价值。增加资源的种类在双向共享模式下同样可行。不过,值得注意的是,共享资源的种类太多也会把简单的问题复杂化,风险随之增加,出现矛盾和纠纷的概率也更大。因此,资源共享应采取最优的方式,共享资源的种类既不是越多越好,也不是越少越好,这是实现资源共享的另一条原则。

(二)资源共享与资源交换

上面谈到资源交换,在此,我们进一步说明资源共享和资源交换的区别和联系。

➤ 资源共享的主体是闲置资源,资源交换没有具体要求。

➤ 资源共享只是使用权的转移,资源交换存在所有权的转移。

➤ 资源共享有限定的时间,即资源处于闲置状态,资源交换没有时间限制。

➤ 资源共享的目标是创造价值,而资源交换的目标更倾向于交换价值。

简单来说,资源交换比资源共享的范围更广,不受时空限制,没有明确的目标。我们以一家叫"H网"的互联网易货平台来说明这些差异。

H网成立于2016年,经过4年的发展,总体情况并不乐观。H网采用的是闲置资源互换的商业模式,主要依靠自己的平台帮企业做推广,再从其他企业里找一些商品给它们作为交换。企业之间的资源互换不需要发生金钱交易，H 网作为平台和中间人，帮企业做了宣传和推广后，再与另一些有闲置资源的企业换取一些文具、礼品等。

以物易物的交易方式让人感觉回到了文明社会之前的那个时代，而且企业不能总是依赖于资源交换，它需要创造价值给员工发工资，给股东带来利润，给国家纳税。不过，H 网最大的问题在于其经营策略。平台向入驻的商家先收取入场费，对绝大部分企业来说，免费入驻已经需要平台花很多的精力去沟通了，要求付费难度更大。

但要指出的是，H 网的资源交换模式仍然有一些值得借鉴的地方，后续我们会分析有关它的几个案例。

二、实现双向共享的基础理念

我们将在第五章重点介绍企业级共享平台的构建，此处先提出一些构建此类平台的基础理念。企业级共享平台不是简单的供需平台或企业外包服务平台。在当前各种互联网交易平台上，绝大多数的交易模式都具有单向和标准化程度较高这两个特征，而企业级共享平台有着更为灵活多变的形式。

（一）从闲置资源入手

如果只构建单向共享平台，在现有的技术条件下比较容易，只需要参考那些供需平台和企业服务平台，然后转换成资源共享的方式即可。然而，双向共享无法采用这种交易模式。在双向共享模式下，双方让渡的是各自的资源，获得的是对方的资源，交易的重点是闲置资源，这就意味着构建此类平台，需要从闲置资源入手。

这一点对于后面介绍的多方共享同样适用。

（二）标准化程度

标准化是一个十分耐人寻味的词，标准程度不同，表现形式也不同。绝大多数互联网交易平台的标准化程度较高且非常明确。如企业外包服务平台，需求方根据平台列出的服务种类，可迅速找到自己想要的服务。

然而，在企业级共享平台中，由于闲置资源种类多，共享的资源可以自由组合，千变万化，还有不同的共享模式，因此标准化的程度相对较低。企业级共享平台设定的核心标准是"利用闲置资源创造价值"，只要满足这个标准，企业之间的绝大多数共享行为都可以实现。企业级共享平台可让企业自由发挥想象力，创造尽可能多的共享形式，而过于追求较高的标准化则会束缚人们的创造力。前几年，曾出现过一些企业级共享平台，其标准化程度较高，却无法为企业带来真正有价值的资源共享，最后导致很难形成规模。

因此，在构建企业级共享平台时，需要如何进行标准化，值得企业进一步探索和实践。

三、案例解析：资源交换，H 网的价值参考

尽管 H 网算不上成功的案例，但仍值得研究。我们选取几个有价值的资源交换案例，然后代入资源共享的概念，并在每一个案例后面做简要分析。

（一）案例一

1. 背景

某矿物园是国家级景区，风景秀丽，设施齐全，有许多人文景观，能起到科普知识的作用。景区每天最多可以接待 2000 人，而实际日常接待人数却只有约 500 人。按门票价格估算，每天产生将近价值 7 万元

的闲置资源，闲置率高达 65%，资源浪费较严重。

矿物园认为景区人气不足、客流量较小的原因在于缺乏推广。加入H网后，矿物园把门票打包成生活商圈的休闲娱乐产品上传到平台。一些企业会员表示可以将其换成员工福利，组织企业员工开展文体活动，景区的人气和知名度得到提升。

矿物园还通过景区门票换取了广告宣传和景区礼品。

2. 分析

矿物园每天有大量的闲置资源，它需要的是人气和客流量，这两者需要靠市场推广。如果代入资源共享的概念，那么它共享出来的闲置资源应该主要换回市场推广公司的推广渠道，而不是 H 网的广告宣传和一些礼品。H 网本身的推广和宣传作用是有限的，即使它的流量可以跟淘宝抗衡，也不可能用平台优势长期为某一家企业做免费的推广宣传，而那些礼品也无法为矿物园带来太多价值。

在这个资源交换的案例中，矿物园没有利用它的闲置资源创造应有的价值。如果它把门票给一些市场推广公司，让它们在推广渠道处于闲置状态时帮矿物园做一些推广，才是资源共享。平台的真正任务，在于帮矿物园找到这样的推广公司和推广渠道，并为双方的合作提供必要的协助。

（二）案例二

1. 背景

广州某酒店是一家四星级酒店，坐落于素有"牛仔名镇"美誉的广州市增城区新塘镇，邻近广深高速公路、广园快速路，交通便利，配套设施齐全。酒店是以"巴马生态家"原生态健康理念打造的集餐饮、客房、宴会厅、会议室、娱乐于一体的多功能智能化酒店。

酒店因为缺少推广，日常的客房空置率一直偏高，造成了严重的资源浪费。加入 H 网后，酒店拓宽了推广区域，不只局限在广州周边地区进行宣传，全国各地的会员都成了酒店的目标客户，H 网会员以老板、员工居多，都有会议和旅游休闲的需求。酒店降低了空房率，还解决了用品采购难题，在 H 网上，酒店用空置客房交换办公用品、床上用品、挂壁式空调、会客桌椅，以及生活类服务产品。

2. 分析

与案例一一样，H 网用自己的平台为酒店做推广，为它提供一定的客源和一些酒店用品。尽管平台流量有限，但是酒店能利用空置的客房置换到一些必需品，而无须花钱购买，这个资源交换的案例算是成功的。

在实际生活中，除了火车站或飞机场附近的路牌广告，我们不太容易看到酒店的广告。酒店主要入驻休闲和旅游类平台，利用这些平台消化酒店的空置客房。经营酒店最重要的是良好的口碑，贴心的服务。因此，酒店首先需要了解客房空置的主要原因，是价格偏高，还是设施落后，或是服务不好。找出问题的根源，才能对症下药。否则，无论做多少宣传都无济于事。

本案例的酒店客房空置率较高，无法用很多空置客房换取所有必需品。酒店用资源共享的方式吸引客户可能效果更好。例如，酒店可以在淡季时跟航空公司合作，为飞行员和空姐提供休息场所，如果他们觉得酒店不错，会将其介绍给亲朋好友或客户。

（三）案例三

1. 背景

广州市某贸易公司主要从事文具产品的生产和贸易工作，其产品畅销全球 140 多个国家和地区，并在 40 多个国家拥有其品牌的代理商。

该公司旗下的工厂拥有 200 多名专业工程师和技术人员，总员工人数超过 4500 人，具有强大的生产及研发能力。公司的文具产品系列已超过数千种，涵盖了办公文具、学生文具和家居用品等多个领域。

公司的产品都是大批量生产的，投入市场后，部分产品因销量不好，造成了库存的积压。

在入驻 H 网后，短短几个月，公司就收到了上百笔订单，消化了许多库存产品，并换取了一些礼品，为员工提供福利。

2. 分析

贸易公司通过 H 网消化了许多库存产品，如果能转换成现金，这个案例可以说非常成功了。然而，它只是换取了一些礼品，闲置资源没能创造价值，或者说，没有创造自己真正需要的价值，只是跟一些企业交换库存产品而已。

四、综合解析

从某种程度上来说，这些资源交换的案例都有一定的参考作用。但由于显而易见的局限性，这种模式很难带来更大的商业价值，主要存在如下几个问题，这些问题是企业在构建企业级共享平台时需要借鉴的。

➤ 平台没有起到桥梁的作用，即没有搭建平台让用户直接进行交易，而是动用太多的自身资源为企业服务，这就注定了 H 网无法壮大。在上面 3 个案例中，一方面，H 网要寻找有闲置资源的企业，利用自己的平台做免费宣传；另一方面，要寻找潜在的交易方。

➤ 企业参与资源共享，应该是各取所需，利用自己的闲置资源，换取货币或其他所需资源，而非换一些对自己而言意义不大的物品。平台应该让用户自己选择，而不是帮用户做选择。

➤ 资源共享的目标是创造价值，可以是有形价值或无形价值，资源共享应该体现企业的经营目标。但在这几个资源交换的案例中，企业并没有体现出利用闲置资源创造价值这一目标。

➤ 无论哪种交易平台，其收入来源之一都是在用户成交之后抽取一定比例的提成作为服务费。预先向用户收费这一道关口已经让 H 网失去了让大量企业加入的机会。如此一来，在狭小的范围内实现资源交换没有太多优势，用户缺少选择的机会。众所周知，所有平台都需要让大量用户带来大量的数据，平台利用大数据为用户创造价值，满足用户真正的需求，才是平台存在的意义。

➤ 资源过于单一。H 网上交换的大多数资源只是前文提到的 8 种主要资源、30 余种子类资源中的一个子类——闲置成品。过于单一的资源交换无法支撑平台的正常运行，就像单一品种的购物网站始终无法与综合性购物网站正面竞争一样。

第三节
复杂模式：多方共享

企业的闲置资源过多，会使企业陷入困境，企业陷入困境，又会带来更多的闲置资源，由此形成恶性循环。因此，企业有必要最大限度地利用好有限的资源。

后文介绍的四种特殊的共享模式大多是多方参与的共享模式，本节主要介绍没有业务联系的企业之间共享相同类型的闲置资源。

一、多方共享概述

有时，双向共享仍无法使经济效益最大化，闲置资源也未能得到充分有效的利用，在条件允许的情况下，可以邀请更多的企业参与资源共享，这就是多方共享。多方共享可以针对同一种资源，也可以针对不同的资源。很显然，多方共享更为复杂，操作难度和风险相对更大。

（一）同类资源共享

多方共享的同类资源，通常这类资源价值较高，使用成本也较高，数量不会太多，使用相对频繁，但对于企业来说其不属于核心资源。

多方共享是双向共享模式的一种补充。值得注意的是，并非多家企业合用同一种资源就属于多方共享。

例如，在一个工业区有 3 家企业，但只有一家企业拥有叉车。如果其他两家企业与拥有叉车的企业共享叉车，这种模式并不属于多方共享，而是拥有叉车的企业与另外两家企业实现了单向共享，另外两家企业在使用闲置的叉车时需要付费。另一种情况则是，如果 3 家企业都有叉车，它们彼此共享叉车与叉车司机。如果哪家企业有需要，可以随时利用其他两家企业的闲置叉车，这就属于多方共享。

这一共享模式可延伸至更多的领域，如共享司机和厂车、共享人才、共享仓库、共享实验室仪器、共享客户、共享销售渠道、共享资本等。如果我们把这 3 家企业看作一个企业集团，就能非常清晰地理解这种多方共享的模式了。

（二）不同类型资源共享

多方共享，比双向共享又前进了一步，操作起来更复杂，问题和风险更多，但创造的价值也更多。

多方共享模式并不局限于同一种资源，不同类型的资源也可以共享。例如，甲企业希望共享乙企业的精密设备，乙企业需要共享甲企业的银行担保能力，而甲企业并没有此类资源，于是找来有此类资源的丙企业。无论甲企业支付丙企业货币，还是用其他资源交换，都属于不同类型资源共享。

（三）同类资源共享的应用要点

企业参与共享的资源越多，在大多数情况下，创造的价值也越多。那么，是不是参与资源共享的企业越多，创造的价值也越多呢？这个问题不能一概而论。过多的企业参与资源共享，管理成本和潜在风险都会上升。当管理成本和潜在风险的成本大于企业创造的价值时，会让企业得不偿失，甚至造成信任危机。

在同类资源共享的情况下，企业进行多方共享需要注意如下问题。

➤ 闲置资源的利用率是否足够高。

➤ 企业会发现在急需某种资源时，共享的资源中没有可以利用的资源，或者可以利用的资源不足。

➤ 必须对成本和收益进行分析，无形成本如管理成本、风险成本也需要考虑在内。

（四）多方共享需要团队协作

团队协作对企业的重要性不言而喻，每家企业都把团队精神放在重要位置，其是企业文化的精髓。

在多方共享中，各方分属不同的企业，虽然不需要有那种像企业内部员工所应具备的团队精神，但资源共享作为一种合作方式，仍然需要各方都具备一定的团队协作精神。

1. 彼此建立信任感

我们在前文已经谈到过构建平台的信任机制，这是一种被动的信任体系。如果你需要与别人合作，就需要相信对方，否则无法合作。参与资源共享的企业之间的信任，与企业团队精神中的信任一样，是主动的信任。

2. 积极沟通

资源共享没有领导者，也没有占据优势的一方，在资源共享中应该避免任何盛气凌人的做法，在遇到问题时需要各方积极沟通和友好协商，推诿和指责都不可取。资源共享能否顺利进行，取决于各方能否维护良好和谐的合作氛围。

3. 遵守规则

在资源共享开始之前，需要拟定一些规则，约束各方的行为。各方既然参与资源共享，就表示接受了规则，不能因为自己是资源供给方或因个人利益问题而破坏规则。规则对个人和对企业来说都非常重要。

4. 信息分享

随着参与资源共享的成员数量增加，问题和风险也相应增加，因此，信息分享格外重要。成员之间应该建立畅通的沟通渠道，对共享活动进行监督和管理，分享闲置资源的利用情况。

值得一提的是，这4点对于多方共享来说尤为重要，也同样适用于单向共享和双向共享。

二、案例解析：共享厂车，5家企业各取所需

（一）案例

1. 背景

王丹在东莞市桥头镇某玩具厂任行政经理已有多年。该厂约有200人，年产值约4000万元，除了日常的行政和人事，后勤方面的事务也归她管。她手下有一个行政助理，两个人事专员和一个后勤主管。后勤主管孟涛负责后勤方面的工作，王丹只需要交代任务，孟涛都能办得妥妥当当。

玩具厂主要负责加工制造，其销售和设计开发团队都在中国香港。虽然是低端出口制造业，但当时该玩具厂的利润还比较高。香港的同事经常来工厂，有时候带客户来参观。

事实上，玩具厂每个月还有不少客户来参观或洽谈业务，有的来自

市区，有的来自广州或深圳，有的乘坐火车，有的乘坐飞机，每次玩具厂都会派车接送客户。另外，公司内部的人员也经常需要外出，到税务局、社保局、人才市场或供应商等地处理事情，如果厂车和司机方便，则用公司的车，如果不方便，则只能乘坐出租车。玩具厂只有一辆价值约 20 万元的 7 人座商务车，根本不够用，只能临时调度外部车辆安排接送客户的任务。这些事情都由孟涛一手操办，每个月厂里平均打车的费用在 8000 元左右。

当年，玩具厂由于质量问题赔了一笔钱，老板在年末清算账目时发现利润很低。此外，房东要求涨房租，工人要求涨工资，客户要求降低产品单价，各方面的成本压力一起向玩具厂袭来。在年终会议上，老板要求王丹及其他几个经理想办法压缩成本，减少不必要的开支。老板特别指出，公司一年的打车费用近 10 万元，再加上司机的工资和厂车的损耗等，一年需要 20 多万元的用车费。老板告知王丹，以后除了重点客户，其他客户一概不予接送，内部人员外出办事可以坐公司的车，如果公司的车无法使用，只能坐公交车，不能打车。老板还计划告知香港的同事，如果要来工厂只有坐火车到附近的火车站，才能安排接送，否则只能从皇岗口岸乘坐大巴车到就近的汽车站。

老板的命令并不容易执行，对销售部门来说，每个客户都是重要客户，即便是普通的验货人员，如果没有车接送，他们对产品的要求就比有车接送的时候更严格。王丹深知这一点，她对同事难以启齿，毕竟一起工作这么久，工资年年不见涨，福利反而越来越差。

与玩具厂长期合作的咨询公司顾问李强听到王丹的抱怨后，建议她与周围的企业共享厂车和司机。他在长期的企业咨询工作中，发现其他企业也有类似的问题，主要还是出于成本压力的考虑。

王丹认为这个方法值得尝试。经过李强的提醒，她发现司机和厂车在一天里将近一半的时间都是闲置的，而每次接送客人或内部用车都是一两个人在使用，用车时间都大多集中在上午 8~9 点和下午 4~5 点，且目的地经常不一样，无法安排同一辆车同时去两个不同的目的地。

王丹联系了附近一家电子厂的行政经理，对方认为这个办法值得尝试。不过，李强认为，要想充分利用闲置资源，还需要找更多的企业。王丹又联系了附近另一家服装厂和一家家居用品厂，各方一拍即合。

2. 共享方案

4家企业各有2个代表，加上李强共9个人聚在一起，商量共享厂车和司机的方案。他们先分析了每家企业的用车情况及大致费用。

由于都是出口型企业，每家企业的用车情况大同小异，时间都集中在早上6~10点，下午3~7点，目的地主要包括镇上、市区、广州和深圳两地的机场、深圳皇岗口岸、汽车站、火车站等。其中，电子厂人数较多，有两辆车可供使用，有一辆7人座商务车。其他厂都是一二百人，都只有一辆5人座的轿车。经过一番商议后，他们认为共有5条线路，再加上经常有一些不确定的地点，有必要再邀请一家企业加入。很快，他们就找到一家愿意共享资源的鞋材厂。5家企业代表和李强一起拟定如下方案。

■ 方案主题：共享用车。

■ 方案目的：为节省日常用车成本，使资源利用率最大化，倡导环保，提高客户及员工满意度，经友好协商，东莞市桥头镇5家企业实现资源共享，共同使用彼此之间的厂车和司机。

■ 用车需求：主要用于接送客户和各家企业工作人员外出办事。

■ 特别注明：所有用车不涉及原材料采购、货物运输及私人事务，小件物品不包含在内，私人用车一律计入各企业的公用车之内。

■ 协调方式：每家企业的后勤主管负责在微信群里相互沟通和协调，妥善安排用车，记录每次的用车情况，包括日期、时间、人数和目的地。

■ 行驶路线：6辆车共分6条线路，为公平起见，线路每周轮换一次，节假日等用车较少时也不例外。线路及常用目的地包括广州及深圳的机场、市区和高铁站、镇区和火车站、深圳皇岗口岸、其他地点（惠州、深圳市区、广州市区等）。

每 3 个月核算一次用车费用，将燃油费和过路桥费按出车次数和目的地分摊，多用多摊，少用少摊。遇到特殊情况时，如线路重叠，空闲车辆可用于补充。

每次用车应尽量提前通知，至少提前两小时通知，以便各方协调安排。需要临时用车时，若无车辆可供使用，由需要用车的企业自行负责，不计入共享用车之内。

3. 成本核算及共享的效果

在共享用车实施之前，每家企业的行政经理大致估算了一下各自的用车成本，如表 3-1 所示。其中，外部车辆成本包括外勤员工乘坐公交车的报销费用。

表 3-1 各家企业共享用车之前的用车成本情况

企业	项目			
	平均用车成本（元/月）	用车需求	使用外部车辆成本（元/月）	问题描述
玩具厂	20000	所有外勤员工和客户的接送	8000	厂车费用太高
电子厂	24000	所有外勤员工和客户的接送	5000	厂车费用太高
服装厂	15000	经理级员工和重要客户的接送	5000	只是对共享用车好奇，抱着试试看的心态加入
家居用品厂	18000	经理级员工和重要客户的接送	4000	外勤员工和普通客户满意度较低
鞋材厂	16000	经理级员工和重要客户的接送	6000	外勤员工和普通客户满意度较低

共享用车 3 个月后，5 家企业进行了第一次核算，并对车辆燃油费和过路桥费实行分摊。一个明显的变化是，3 个月内，5 家企业只有两家因为临时需要用车才不得不使用外部车辆，且都只发生过一次，所有需要接送的客户和外勤员工均能用到车辆。总体而言，原来使用外部车辆的费用几乎没有了，每家企业多了 200~500 元不等的燃油费。

这一模式的不足之处在于，用车需要协调，乘车人需要互相迁就，有时客户和员工需要等待半个小时才能用到车。不过，满意度没有降低太多，内部员工的满意度大大提升了，毕竟乘坐公交车耗费的时间更多。

4. 分析

针对本案例，我们可以做出一些分析，并引出一个问题，这 5 家企业还能共享其他资源吗？

➤ 5 家企业共享的闲置资源不仅是厂车和司机，还包括用车时空置的座位。

➤ 这个案例属于小范围的资源共享，不需要借助企业级共享平台也能实现。从表面上看，平台似乎没有获得利益，其实不然，平台找到了资源共享的合作伙伴，还可以承担其他功能，如规划和制定共享方案、拟定合同、成本分析与核算等。

➤ 5 家企业相互之间的信任很重要，彼此不可过于斤斤计较。好在大家都是为了省钱，因此基本不存在利益冲突。

➤ 两三个人一起坐在车上可以聊天，客户满意度不会由此减少，5 家企业分属不同行业，不需要担心客户流失的问题。

➤ 5 家企业还有进一步加深合作的机会，可以共享更多闲置资源，如共享员工、共享资本等。

➤ 资源共享可能存在风险，如共享用车可能出现交通事故，此类风险并不是因为资源共享才产生的，在其他情况下也有可能发生。因此，对这种风险可做出一定约束，不用特别提出。

➤ 5家企业没有产生额外的管理成本，因为安排车辆本身就属于后勤主管的工作，只是工作的具体内容发生了变化。

综上所述，本案例的共享方案，取得了令参与各方满意的效果。

第四节
供应商整合：增强企业竞争优势

○●

供应商整合中的资源共享是一种特殊的共享模式，与我们前面说的供应资源共享不是同一个概念。前者主要指由一家较大规模的企业整合其供应商，并在其与供应商之间，以及供应商相互之间进行多种类型资源的共享。后者是两家或多家企业通过联合采购，以增加采购数量的方式获得价格优势。

供应商整合能够增强企业的竞争优势，是供应商管理的一个重要组成部分，其中，资源共享是对供应商整合的研究不断深化的结果。

一、供应商整合

（一）意义

供应商整合是指充分利用供应资源，促进供应商在质量、成本、服务和创新等方面持续改进，协调发展供应商的管理措施。

供应商整合的过程，是一个缩减供应商数量、提高供应商质量、加强与供应商合作的过程。企业在整合过程中需要将供应商导入自己的业务体系，与其保持紧密的关系，提供更好的服务，并给双方都带来更多利益。供应商整合并非通过削弱供应商的议价能力从而降低采购价格，而是与供应商携手，共同发展。

当前，大部分供应商的议价能力都比以前弱了很多。除非是居于垄断地位的供应商，其他类型的供应商只在两种情况下还能保持一定的议价能力：第一，供应商的产品对于客户的生产业务很重要；第二，企业的采购量占供应商产量的比例很低。但是，无论供应商的议价能力有多弱，它都必须维持企业基本运营的成本和一定比例的利润。利润的比例一般由企业所处的行业决定，低于这个比例，企业便难以生存。

（二）供应商整合的控制手段

近年来，很多国内知名品牌、国际品牌、大型连锁店、贸易公司和大型制造企业都开始整合其供应商，除了对一级供应商即加工厂或装配厂进行整合，通常还会延伸到二级供应商，即原材料供应商或零配件供应商，部分整合甚至会延伸到三级供应商。这与供应资源共享明显不同，后者只对一级供应商起作用。

企业对供应商进行整合，需要采取一定的控制手段，通常有三种方式。按控制的程度，大致如下。

➤ 合约控制：采购企业通过与供应商进行谈判协商，根据双方的利益达成一致意见，并签订合约，列明各自的权利和义务。这种控制方式只能对供应商的一些配套资源进行整合，如物流、上游供应商等，主要是为了确保企业自身的利益。

➤ 股权控制：采购企业以参股的方式对供应商进行更深入的控制，使供应商成为自己的下属企业，同时在信息、技术和人员等方面进行合作，以实现对供应商的监督和控制。这种控制方式较合约控制更为深入，企业可以进行多方面的资源共享，近年来在国内颇为流行。

➤ 管理输出控制：采购企业在合约控制的基础上，利用对供应商的影响力进行全方位控制。管理输出控制不一定要参股，但其影响力会迫使供应商接受管理输出的条件。同时，采购企业的管理输出在某种程度上来说，对供应商有利无害，如输出专业人才、提供技术和管理上的支持、分享行业信息、提高与二级供应商的议价能力、安排物流运输、提高产品质量、协调交货期等。近年来，国内外许多知名品牌都利用管理输出控制深入企业内部。管理输出控制使合作企业双方的关系更加密切，降低了双方的交易成本。

我们所说的供应商整合中的资源共享，主要是基于第二种和第三种的控制手段。

（三）供应商整合的内容

早在 20 世纪 80 年代，有"竞争战略之父"之称的哈佛大学教授迈克尔·波特在他的著作《竞争战略》中提出供应商的议价能力这一企业竞争力的概念后，供应商整合逐渐兴起。近些年，随着市场竞争越来越激烈，许多企业都意识到自己与供应商已不再是简单的供需关系，而是战略合作伙伴关系，于是开始整合供应商，主要表现在密切合作、技术交流和能力提升三个方面。

➤ 供应商已不再单纯地为企业提供所需产品，而是密切合作，形成"你中有我，我中有你"的战略关系。同时，供应商之间也会进行合作，如共同研发新材料、新技术，共同制造产品部件等。企业在整合过程中还会要求供应商定期提供降低成本的方法，并为此提供力所能及的帮助。

➤ 单个供应商无法提供企业所有的原材料，绝大多数的材料在市场上都能找到替代品，因而只供应材料不加强交流的供应商很容易被竞争对手取代，被市场淘汰。供应商也意识到了这一点，为了保持自己的竞争力，其应该不断创新、提供优质产品和服务，还要加强与其他供应商的知识交流。知识交流不仅包括客户需求的分析，如成本、质量、产品安全等，还包括一些高水平的显性知识的分享，如生产计划、行业政策、市场趋势等。

➤ 企业在整合过程中不仅要确保成本和技术符合要求，同时也对供应商的生产能力和质量管理体系提出相应的要求。企业通过派遣高级工程师或采用外部咨询顾问等方式，以最低的成本向供应商传授有价值的知识，并协同供应商一起研究如何解决生产管理中的问题。这种人力资源的交流，一方面帮助供应商解决人才问题，另一方面保障了供应商的质量。

供应商整合的主要目的是降低成本，提高产品质量，鼓励创新等。然而，科技的发展必然要求管理水平共同发展。供应商整合要在成本、质量和时效上达到最佳状态，仅满足这三点还不够。当大多数企业都完成了供应商整合时，资源共享的要求便显现出来，它是供应商整合的必然结果。为此，企业需要建立与供应商实现资源共享的体系。

二、在供应商整合中实现资源共享

随着全球化市场竞争日益加剧，科技不断发展，现在极少有企业能够长时间占据垄断地位，即使少数极具优势的企业也不敢掉以轻心，各行业都有一定数量的竞争对手。美国微软公司创始人比尔·盖茨表示，微软离破产永远只有 18 个月。对于中低端制造业而言，竞争尤为激烈，利润空间已经很小，已无再向下突破的可能。然而，它们还不得不费尽心思压缩成本，想方设法提高质量，挖空心思大胆创新，以免在市场竞争中被淘汰。如果企业再像以前那样寄希望于用降低质量来获得价格优势，无异于自寻死路。

在供应商整合中，我们强调"较大规模的企业"，毕竟较小规模的企业在与供应商的谈判中缺乏话语权。然而，供应商整合并非只有较大规模的企业才可以实现，多家中小规模的企业联合起来整合它们的供应商，同样能够形成竞争优势。

企业与供应商整合的资源共享是从多方共享模式演变出来的一种特殊共享模式。如果把"较大规模的企业"替换成"多家中小规模的企业"，该共享模式仍然成立。

在这种共享模式中，企业居于主导地位和核心地位，根据影响力将一级、二级供应商整合在一起，充分利用对方的信息、技术、物流、人员等各种资源，部分重要的资源还可以延伸至三级供应商。

假设实行供应商整合的企业是一家知名服装贸易企业，一级供应商是服装加工厂，二级供应商是布料厂商或五金配件厂商，三级供应商是印染厂或电镀厂。在整合供应商的过程中，实现资源共享有许多好处，并不只是降低成本，还包括如下内容。

➤ 达到统一的质量标准。

➤ 相互之间提供技术支持和管理支持。

➤ 提升对市场需求的快速反应能力。

➤ 新技术、新材料的应用，能提高企业的创新能力，如二级供应商开发出新材料，可直接向买家展示。

➤ 符合国际社会的流行趋势和国家新标准、新政策的要求。

三、案例解析：共享绿色供应链，让企业化危为机

（一）案例

浙江某服装贸易公司成立于 20 世纪 90 年代末，老板谢先生从给国有服装企业的外包加工做起，逐渐将经营范围扩展至中低端出口服装的加工及贸易，有不少欧美知名品牌的客户。曾经，浙江地区做中低端服装出口加工的企业非常多，有的通过贸易公司，有的拥有自己的进出口资格，各自为战。由于市场情况非常好，谢先生凭借诚信的服务和良好的品质在市场竞争中占有一席之地。与此同时，谢先生通过收购及合伙入股的方式，逐渐建立了自己的服装集团，拥有合资及控股的服装加工厂 7 家，同时还有五六家工厂为其代加工，服装年产量逾六百万件，产

值近 5000 万美元。

在企业迅猛发展的同时，谢先生也感受到了来自各方的压力：首先，现有的及新加入的同行不断压低市场价格，引发恶性竞争；其次，客户订单价格逐年下降，各种原材料成本、劳动力成本也在上升，最大的压力来自客户日益增加的要求，如测试、品质、原材料、审核等，每一项要求都会增加成本，且一不小心就会被客户投诉。

与客户谈订单价格无异于"与虎谋皮"。客户表示，如果这个价格你做不了，他就会找别的企业做。谢先生只能硬着头皮把订单接下来，他知道，客户一旦流失，后果不堪设想。

谢先生的最大优势在于其拥有的 7 家企业都位于浙江省宁波市。与其他大型服装企业动辄两三千人不同的是，谢先生的 7 家企业都只有两三百人，每家企业独自经营，自负盈亏，但同属一个集团。谢先生将每家企业交给其中一名股东打理，自己作为董事长负责监管贸易公司总部。这样做的好处是使各加工厂之间形成良性竞争，同时也降低了管理成本。贸易公司接到订单，然后根据情况分给不同的企业进行加工生产。多年来，谢先生与每家合资及合作企业的关系都非常好，彼此非常信任。

2008 年左右，受疲软的国际市场影响，企业经营业绩不太好，当年不少企业都没有赚到钱，而国内的原材料价格又开始上涨。谢先生决定开始整合其供应商，按理来说，这个过程应该非常容易。但让他没有想到的是，旗下几乎每家企业的负责人都认为应该维持原来的经营方式，因为每家企业对总部的依赖性太强，他们担心整合之后会对自己造成损失。

谢先生是站在国际市场角度考虑问题的，具有全球思维，他知道如果不进行变革，到了更恶劣的环境下再来变革，只会事倍功半。旗下各企业负责人则认为，他们做的都是中低端服装生产，以价格取胜，现在市场上已经难有更有力的竞争对手了。谢先生知道，正如马克思在《资本论》里说的：工业发达国家向工业不发达国家展示的是后者未来的景象。一旦高端服装进入某个新领域，中低端服装便会取代高端服装留下的风格、设计、流行色等。

各大国际品牌正在打造的绿色供应链，是未来对企业的威胁之一，但同时也是非常大的机遇。

（二）分析

尽管受到质疑，但由于谢先生拥有足够的话语权，加上专业咨询人员的协助，整合过程相对而言还是非常顺利的。谢先生不仅整合了7家合资及控股的加工厂，还整合了所有二级供应商及几家主要的三级供应商。通过对它们的质量、价格、生产能力等的评估和考核，将原有的近200个二级供应商缩减到七八十个，贸易公司也得以提高对那些被整合的二级、三级供应商的议价能力。

供应商与贸易公司之间的配合及默契程度随着整合的进展日益加强，相互之间在需要的时候都会共享部分闲置资源。几年之后，谢先生根据专业咨询人员的建议，开始大范围地、系统化地共享各加工厂和二级供应商的闲置资源。主要包括如下几个方面。

➤ 物流运输共享：不仅包括共享厂车及司机，在运输原材料和成品时也实现了资源共享。

➤ 技术共享：通过贸易公司的协调，各供应商互相提供技术支持；开发出新材料、新样品等，同时将其推荐给多个国际品牌，主动为客户的设计提供改良建议。

➤ 信息共享：贸易公司相关人员定期将公司收集到的外部信息及时传达给各供应商。

➤ 服务共享：如共享危险废弃物处理的服务、外部培训服务等。

➤ 普通员工共享：部分工厂在停工待料时期，将员工暂时借调给其他工厂使用。

➤ 专业人员共享：贸易公司聘请一些专业人员，如咨询师、培训师、设计师、开发师等，加工厂无须再单独聘用此类人员，而各加工厂的技术人员也能相互借调。

➤ 物料共享：当某供应商急需某些物料的时候，通过物料调度，从其他供应商处先调度过来使用，库存物料也得以充分利用。

➤ 资本共享：若某供应商存在资金周转问题，可向贸易公司进行短期借贷。

➤ 空间共享：在旺季时，不会因为大量货物的堆积导致空间不足。

➤ 管理方式共享：帮助企业建立质量管理体系，提升各加工厂的产品质量。

总之，贸易公司在供应商整合过程中，对各企业内部的资源进行充分共享。当然，有人认为，这些企业受同一个老板控制，很多资源共享其实相当于集团内部共享，这种方式较容易实现。但这些企业都是独立经营的，在某种程度上来说，都可看作供应商整合中的资源共享。

三、资源共享在绿色供应链中的优势

从 2015 年开始，贸易公司的几个重要客户先后提出建立绿色供应链的要求，以满足国际上日趋严格的环境保护政策要求和消费者需求。对此，贸易公司能做到在不增加成本的情况下满足要求，在竞争中再一次领先对手，而不少中小型加工厂却因此而退出竞争行列，或者转向更低端的服装加工领域。

（一）建立绿色管理体系

公司总部设立环境保护管理机构，设定集团公司的绿色总目标和各加工厂的分目标，建立绿色管理体系，制定绿色章程等；各加工厂无须单独设立绿色机构，只需要调派相关人员与总部进行沟通、跟进，也无须自行聘请专业人员进行可持续产品的开发、设计，没有增加管理成本。

（二）绿色开发与生产

加工厂分别执行两三个重要品牌的供应商标准，而不是每个加工厂都符合每个客户的标准，以免造成资源浪费；从设计研发、原材料、生产、包装等方面综合考虑，提高资源利用率，减少对环境的污染；重复使用回收材料，按照个别客户的要求，将回收的边角料重新做成衣服，受到国际市场的欢迎。

（三）绿色供应链

鼓励二级、三级供应商积极开发可持续材料，并积极使用回收材料；为二级、三级供应商提供环境管理体系的培训，满足客户的要求；给予印染厂足够的支持，使其保持竞争优势。

（四）绿色物流

企业内部购买电动能源汽车，不仅能获得政府的财政支持，还能节省运输成本；同时，通过共享物流的方式提高运输效率，减少温室气体的排放量。

第五节
渠道整合：资源共享是战略措施

在现代管理理论中，市场渠道被看作供应链（非供应商）的一部分。然而，由于参与资源共享的主体不同，我们将供应资源和市场资源分开介绍。毕竟对绝大多数企业来说，它们只不过是产品价值链上的一个节点，甚至是节点上的支点，企业不用关心原材料怎样加工、产品怎样分销，只需要处理好上下游关系即可。

与供应商整合一样，渠道整合既可以是一家较大规模的企业整合其市场资源，也可以是多家中小规模的企业联合起来整合它们共有的市场资源。

一、渠道整合

（一）意义

渠道整合在本质上是将企业内外部的市场资源进行整合，其作用包括如下三点。

➤ 更快、更好地对客户需求做出反应，了解客户的真实需求，调动一切市场资源满足客户需求。

➤ 使资源利用率最大化，用有限的市场资源为企业谋取最大利益。

➤ 利用多种途径和各种渠道进行宣传，提高渠道利用率，产生整体大于个体之和的宣传效果。

与供应资源一样，每家企业的市场资源并不相同。例如，布料商的客户是制衣厂，制衣厂的客户是批发商、商场、连锁店，商场的客户是最终消费者。再如，咨询公司的客户可能是布料商，也可能是制衣厂，还可能是商场。因此，在谈到市场资源的时候，要综合考虑各种类型的企业，而我们所谈及的渠道整合，实际上是对企业所有市场资源的整合，包括最终用户、销售渠道、推广渠道、售后服务等，并非单指批发商、商场或连锁店等分销渠道。

渠道整合是企业的一项战略措施，必须将所有的市场资源视为一条完整的价值链，综合考虑各类资源及各个成员的利益和价值，才能产生最佳效能。

（二）多方参与的渠道整合

多年来，中国企业习惯于朝着做大做强的方向发展。这个发展过程有起有落、有得有失，总体上取得了丰硕的成果。根据《财富》杂志公布的 2019 年世界 500 强企业榜单，中国企业上榜 129 家，美国企业上榜 121 家。这 129 家企业能做到世界 500 强，渠道整合功不可没。

然而，对于中小企业来说，其资金不足，市场资源相对匮乏，在与大企业的竞争中处于被动地位，所以中小企业的资源必须用在刀刃上。中小企业的优势是变动灵活，可以快速对市场变化做出反应并满足客户需求。为此，多家中小企业可以联合起来，整合共有的市场资源，实现资源共享。例如，在浙江省温州市，十多家经营陶瓷、卫浴、地板、窗帘、灯饰、橱柜、墙纸等的中小企业就曾联合起来，自发组成一艘统一宣传、优势互补、互相监督的家居装饰"联合舰队"。

这种整合需要一个具有影响力的组织或个人将这些企业联合起来，并制定让所有企业都能接受的可行的方案。通常承担这一联合作用的是地方的政府部门、商会或行业领导者。

在这个整合过程中，多家企业的市场资源叠加在一起，共享各自的市场资源，每家中小企业都有机会成倍地增加其市场份额。在理想状态下，企业有能力满足来自每个细分市场的客户需求，从而不用放弃任何一个市场。

通常，对于多家企业参与的渠道整合需要设定一些原则，包括目标市场相同或相近原则，品牌形象一致原则，如航空公司和酒店整合客户资源，小家电企业整合售后服务渠道等。但偶尔也可以抛弃这些原则，进行更有创造力的整合与共享。

在供应商整合过程中，很多供应商一开始都是迫于压力被动接受的，在获得利益之后才会积极主动地协作并参与共享。在多家企业联合的渠道整合过程中，市场资源并不受企业约束，各企业需要克服阻力，建立共同的理念，加强合作，开放各自的市场资源，才能形成真正的"舰队"。

二、在渠道整合中实现资源共享

在渠道整合中实现闲置资源共享，让企业能对渠道整合中出现的一些问题进行改进。

（一）销售渠道共享

销售渠道的建设是中小企业面临的最棘手的问题之一。多家中小企业共享销售渠道，需要在渠道的设计和决策，中间商的选择、控制、激励和调整等方面相互合作，强化渠道管理。例如，同样在浙江省温州市，曾经有 323 家低压电器公司联合起来，先后在全国 320 多个大中型城市、230 个县级行政区设立了统一的销售子公司、分公司和门市部，在 18 个国家和地区开设直销点、销售公司 53 个，构建了一张庞大的销售网络。这种整合既可避免"自相残杀"，又打开了各企业产品的销售渠道，树立了企业形象。几家中小企业便在渠道整合过程中逐渐成长为大型企业。

（二）推广渠道共享

在信息大爆炸时代，单一的推广渠道已很难满足大部分客户的需求了。为此，企业需要建立多元化的推广渠道。然而，建立多元化的推广渠道需要投入大量资金，这是许多中小企业难以承受的。于是，一些企业自发地将分散的推广渠道联合在一起，即联合推广。

联合推广要求企业在互惠互利的基础上，开放各自的市场资源，共同进行市场推广。联合推广不仅可以大幅降低推广成本，还可以大大增强市场影响力，达到单一推广活动无法达到的效果，将推广的效益最大化，如联合做广告宣传、联合举办经销商订货会等。

联合推广既可以发生在同行业的企业之间，也可以发生在跨行业的企业之间。

（三）售后服务渠道共享

山西奥盟传动科技发展有限公司旗下的中国奥盟网推出"零公里服务"，整合线下售后维修人员，为那些无法在所有城市建立售后服务渠道的企业提供相应的维修人才。这种共享方式与猪八戒网的共享人才模式相似，只不过共享的是售后维修人员。

然而，售后服务是维持和增强客户忠诚度的关键之一，许多企业都希望将售后服务抓在自己手中，于是一种新的共享方式应运而生。例如，A 企业在某南方城市设立售后服务网点，B 企业在某北方城市设立服务网点。A 企业与 B 企业通过共享售后服务渠道和员工，就不需要在南方和北方城市都设立售后服务网点。这样不仅可有效降低成本，还能通过专业化和内部控制来保障服务质量，避免了一些不必要的服务纠纷与欺诈客户的问题。

（四）客户共享

通常，渠道整合中的客户资源共享伴随着销售渠道或推广渠道的共享一起发生。有效共享销售渠道和推广渠道，客户共享自然水到渠成。
例如，企业联合起来举办订货会，该推广渠道自然会带来更多客户资源。
图 3-1 展示了多家企业共享渠道资源的情况。

图 3-1 多家企业共享渠道资源

（五）其他资源共享

多家企业联合的渠道整合并非只共享了市场资源，与市场资源相关
的其他资源都可以共享。大多数共享都伴随着市场资源的共享。

➤ 知识和信息资源共享。市场竞争使企业不断面临新的难题，要想
紧紧把握市场动向，企业就必须及时获取来自渠道终端的信息反馈，做
出快速、准确的经营管理决策。企业之间通过共享前沿技术、行业资讯，
能在市场竞争中处于有利地位。

➤ 专业人员共享。销售渠道、推广渠道和售后服务渠道的共享，同
时也是一些专业人员的共享，如销售人员、市场推广人员和售后服务人
员，甚至一些配套的专业人员，如企业办公人员都处于共享之中。

➤ 物流配送共享。在共同的市场推广活动及售后服务中，不同企业

可以共享物流配送服务，将各家的产品送达各销售网点，有效节省物流成本。

➤ 空间资源共享。一些空间资源如仓库、门店、展会等，都可以在渠道整合过程中实现共享。

总之，中小企业通过渠道整合中的资源共享，可以大大拓宽单个企业的市场资源，形成超越竞争者的优势。

三、案例解析：共享旅游，带你去任何想去的地方

（一）构建旅游生态圈

2018 年 12 月 11 日，在"2018 年携程全球合作伙伴峰会"上，携程旅行网联合创始人、执行董事局主席梁建章表示："我们将通过携程平台的赋能战略，支持旅游业中小微企业及个人创业者的发展，进一步完善携程的旅行及服务生态圈。"

国内提出建设行业"生态圈"的人不多，能支持并带动旅游业中小微企业共同发展、共同打造"旅行及服务生态圈"的人更是凤毛麟角。更令人赞叹的是，梁建章明白打造生态圈需要联合大量的中小微旅游企业，而不能仅凭一己之力来完成。从这个角度看，梁建章可谓高瞻远瞩、雄韬伟略。

显然，他在勾画一张整合全国旅游资源的宏伟蓝图。

目前，我国成为全球第二大经济体，国内消费不断升级，越来越多的人热衷旅游，消费者对优质、个性化的旅游服务需求与日俱增。但旅游业一直都存在一些不良情况，尤其是一些恶性事件，会使整个旅游业受到影响。与此同时，一些大型旅游平台不断压低市场价格。在这种情况下，中小旅行社要在市场中继续生存，就需要联合起来，共同整合并共享各种市场资源，发挥地缘优势，提升服务质量，增强游客满意度。

由于这些旅行社分散在全国各地，要整合旅游资源必须依赖一个规模较大的企业级共享平台。

携程旅行网想成为被中小旅行社依赖的平台，这是携程旅行网和众多中小旅行社的相互整合、共同整合。

如果携程旅行网能够有效整合旅游业的相关资源，把各个环节、各种要素、各类企业纳入生态圈，进行结构优化和资源重新配置，平衡各方利益，提高资源利用率，降低运营成本，就能使各种资源在各自位置上发挥最大效能，可谓意义重大。这些环节和要素包括景点、旅行社、导游、酒店、交通工具、旅游平台等，还包括礼品供应商、商店、饭店等为旅游业提供配套资源的企业。

（二）共享旅游资源

携程旅行网携手众多中小旅行社，整合各种旅游资源，实际上是一个大范围地利用旅游资源创造价值的过程。几乎所有与旅游业相关的市场资源及其配套资源，都可在此过程中实现共享。图 3-2 为旅游资源共享流程。

从图 3-2 可知，这些资源的共享发生在从游客出门到回家的整个过程中。单个旅行社接到来自多个游客的不同旅游需求，仅凭自身资源无法满足每个游客的需求，但与其他旅行社和平台整合后，它可以满足每一个游客的不同需求。全国的旅行社和平台结成一张密密麻麻的网，这张网将来自不同地点的游客聚集在一起，根据游客的目的地和相关要求及旅行社的承诺，将各种市场资源重新分配，然后把具有相同旅游需求的游客集中在一起，送往不同的目的地。

这种方式可以让任何一家旅行社都不用再错过任何一个前来光顾的游客，不必对游客说："对不起，我们现在这条线路的游客人数不够，本次旅行团不得不取消。"通过资源共享，每个旅行社都有能力满足任何一个游客的需求，甚至可以让游客自行挑选目的地、酒店、航班等。

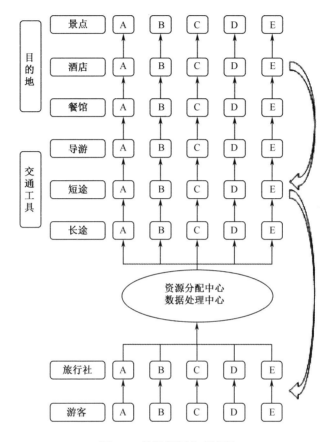

图 3-2　旅游资源共享流程

旅行社共享的闲置资源有如下几个方面。

➤ 共享导游。旅行社不再需要配备足够的导游，导游已不再隶属于某一个旅行社，而是一个专门的团队或个人。这是一种专业人员共享模式。有能力带 20 个人的导游，如果在一次旅行中只带 10 个人，那么他就有了未完全使用的闲置资源。

➤ 共享酒店。酒店是旅行社为游客提供的配套资源。单个或少数旅行社难以拿到低价，但众多旅行社联合起来进行资源共享后，就有了充分的话语权。同样的目的地、同样的条件，游客通过旅行社出游，比自己独自出游所花的费用要少得多。共享酒店还可以使酒店的闲置客房被充分使用。

➤ 共享交通工具。单个中小旅行社很难拿到航空公司的低价机票，只有联合起来才行。共享交通工具可以使飞机上、大巴车上的空座位被充分利用。

➤ 共享游客。游客是旅行社的核心，资源整合后，旅行社不再为某个游客服务，而是为所有游客服务。

➤ 共享信息资源。一些新兴的、有特色的旅游市场，通过信息的快速分享，旅行社能适当地向游客进行推荐。

➤ 共享景区。来自不同地区、不同旅行社的游客到达同一景区，有助于充分利用景区的接待游客的能力。

上面这张网在部分平台的努力下已经初具规模，尽管还有部分大型旅行社仍依托自身强大的资源独自为战，但联合已成不可逆转的趋势。

在搭建共享旅游资源的生态圈时，每一个旅行社都需要做好自己的分内之事，共同提高行业的整体服务质量和服务水平。此外，旅行社与平台还可以制定一些"游戏规则"，防止恶性竞争。

（三）给其他行业带来的启示

旅行社共享闲置资源对其他行业来说也有参考价值。从理论上来说，每个行业都可以像旅游业一样，通过资源共享建成生态圈或产品价值链。

例如，很多长期为国外买家或国内知名品牌做贴牌生产的服装企业，都非常希望创建自己的品牌。但绝大多数都是想得多、做得少。毕竟做品牌砸下去的钱，可能让企业辛苦十几年赚来的千万身家顷刻之间化为乌有。面对昂贵的市场推广费用，如果能利用渠道整合的资源共享方式，那么企业的风险会小得多，投入少得多，成功的机会也大得多。

事实上，培训行业的中小企业早已结成类似的联盟。我们发现，众多培训公司通过整合各种资源，有效满足了来自客户的绝大多数培训需求。当然，相关问题也随之凸显，例如，一些公司无法开展培训项目，在找到合适的培训师资源后，将其转一次手就往上加价，最后整个行业的口碑都受到影响。在此过程中，尚未有企业级共享平台能起到有效的监督作用。

第六节
战略联盟：核心资源的深层次共享

◐

　　人们往往以为只有尖端、知名、高科技企业才拥有战略，这显然不正确。战略就像愿景、使命、责任一样，每家企业都可以拥有，甚至有时候企业还没有成立，战略就已经在创始人的头脑中形成了。

　　战略联盟也一样，它并非知名企业的专利。战略联盟是一种合作，有深层次、长期、基于核心资源、立足未来四个显著的特征。

　　在战略联盟中，企业之间实现的资源共享同样具有这四个特征。

一、战略联盟

（一）意义

　　战略联盟是一种较为普遍的企业合作模式，它可以使来自不同国家（地区）、不同行业的企业共同分担风险、共享资源、获取知识、进入新市场。战略联盟填平了"战略缺口"，即企业所缺乏的某些关键性的成功要素。这些要素可能是市场、技术、品牌、资金、生产能力等核心资源。企业通过战略联盟弥补这些缺陷，可以节省大量的时间和支出，降低风险；同时，企业也需要为获得这些要素付出相应的具有同等价值的资源。结成联盟的企业通过优势互补，实现各自的战略目标。企业的核心资源缺口越大，参与战略联盟的动力就越大。

战略联盟属于核心资源的深层次共享,配套资源只在作为补充的情况下才被用于共享。单纯地共享配套资源绝不是战略联盟,它能在节省成本和创造价值上起一定作用,但无法形成企业的战略优势。目前,很少有知名企业共享配套资源,那点蝇头小利并非其关注的重点。

当然,共享核心资源并不意味着企业毫无保留地将自己的家底掏出来交给对方,通常企业都会在签订合同时列出一些条款,相互制衡。一方面,确保共享的只是部分核心资源,不会动摇企业的根基;另一方面,确保核心资源只是相互利用,不是无条件转让。

企业组建战略联盟的主要目的如下:获得低成本生产能力,充分利用剩余生产能力,降低综合成本;以低成本进入一个新的行业或细分市场;与本地企业进行联盟,降低政治、经济风险;打破贸易壁垒,进入国外市场;开发满足市场需求的产品线;得到或利用所需要的技术;得到一个企业的招牌或客户关系;创造规模经济,取得战略市场,扩大市场份额。

(二)战略联盟的构建

建立战略联盟需要分步骤实施,其中对资源的分析在每一步都非常重要。

1. 确定适当的战略

企业如果计划建立战略联盟,首先,应当确定战略目标,即在联盟中企业期望达到什么目的,如何才能达到这些目的。

其次,分析自己的"战略缺口",如合作伙伴有哪些优势资源可以弥补自身不足。

最后,对一些重要的工作内容进行评估,确定哪些工作可以与合作伙伴联手,哪些工作可以各自独立完成。同时要考虑如何在战略联盟中保护自身的核心资源。

2. 选择合适的合作伙伴

资源互补是战略联盟的关键，找到具有互补关系的合作伙伴是构建战略联盟的重要一步。如果双方不匹配或不相容，就容易产生不良后果。

在明确的战略目标指导下，企业要寻找能有效弥补"战略缺口"的合作伙伴，为企业带来自身所缺乏的技术、技能、知识、市场、资本等资源。当然，对方的名气、信誉、企业文化等也都需要纳入考察范围，但资源是企业首先要考虑的因素。一些企业为了跟与自己对等的企业更好地合作，对弥补"战略缺口"这一至关重要的因素视而不见，最后即使能顺利合作，也难以实现战略目标。

3. 设计谈判

一旦企业决定形成战略联盟，双方开始对合作的具体过程及共享资源等各项细节进行谈判。在谈判过程中应当平衡各方利益，优化资源配置，分配均等的权利结构，并制定相应的风险防范措施。同时，还要明确界定企业之间的权利与义务，以减少日后由于行为的不确定性而产生争端的成本。

4. 实施控制

战略联盟的资源共享都集中在双方的核心资源上，这就要求双方建立比共享更紧密的信任与合作关系，同时要承担更大的风险，面临更多的问题。战略联盟需要双向信息流动，双方都应该共享必要的信息。同时企业还要合理控制信息流动，保护自身的竞争优势，防止对方窃取自己的关键信息。

二、中小企业的战略联盟与资源共享

（一）建立战略联盟应从资源共享开始

如今，面对日趋激烈的市场竞争，越来越多的中小企业意识到，仅仅依靠自身的资源很难得到快速和有效的发展。企业竞争力的提高离不开各种资源，但企业的资源总是有限的，要想满足对资源的需求，一个合理的选择是与其他具有互补性资源的企业结成战略联盟。

相较于知名企业，中小企业建立战略联盟更不容易，在缺少有效平台的情况下，很难找到合适的合作伙伴。反之，如果有企业级共享平台的支持，则相对容易。在通常情况下，即使找到了合作伙伴，由于双方都缺乏足够的知名度，以及对对方的了解不深入，此时结成战略联盟风险非常大。因此，中小企业在缔结战略联盟之前，可以先尝试共享一些配套资源，在相互了解之后，再进一步判断是否可以结成战略联盟。

一旦形成战略联盟，中小企业开始共享部分核心资源，同时又能共享配套资源，包括增加配套资源的数量和共享时间，对各方而言都是有利无害的。

在前文共享办公室的案例中，刚开始两家公司只是进行资源共享，随着合作的深入，从资源共享逐渐演变成战略联盟，实现深层次的资源共享。两家公司几乎没有额外的投入，就在知识和客户资源上创造了更大的价值。双方的合作持续深入，为未来赢得市场竞争优势打下坚实的基础。

中小企业如果计划在资源共享一段时间后缔结战略联盟，那么，从一开始选择合作伙伴时就需要多加考虑，除了资源互补，还有三个因素：目标市场相似、有共同的利益诉求点、有一致的价值观和经营理念。

两家急切需要发展的企业通过相互选择后组成战略联盟关系，这本身就是一项具有风险的活动。一旦信任缺失，联盟随时可能土崩瓦解，还可能对企业造成巨大伤害。所以，中小企业可以先从配套资源的共享开始，逐步磨合，增加共享资源的种类，丰富合作方式，再向战略联盟的方向发展。

（二）形成战略联盟的优势

战略联盟的运作要求管理者具有创新的管理方法和技能，这对于初涉此道的企业和管理者来说比较困难。中小企业可以通过一定时期的资源共享，积累一定的合作经验，加深彼此之间的了解，丰富合作中的管理方法。然后，在时机合适的时候，便可以建立战略联盟。相较于知名企业，中小企业的战略联盟有以下优势。

➤ 协作：相互信任、相互依赖的中小企业结成联盟，更像一个团队，能整合分散的资源，凝聚成一股力量。

➤ 高效：中小企业大多是一把手负责制，决策简单明了。

➤ 快速：一旦决定怎么做，中小企业能更快地实施战略。

➤ 分享：分享重要的市场情报，以便顺利地进入新市场，与新客户搞好关系。

➤ 低风险：从资源共享过渡到战略联盟，可以减少企业在战略联盟中出现的问题，避免商业机密被泄露，减少文化上的差异等。

（三）中小企业应改变认知

一旦中小企业从配套资源的共享走向战略联盟，进行深层次合作，就需要双方对战略联盟有一致的理念和目标。中小企业需要改变一些原有的认知。

1. 共同做大蛋糕

企业通过战略联盟获得各自所缺失的核心资源是为了创造更大的价值。结成联盟的企业通过资源共享，创造的联合价值远远大于各企业创造的价值之和。企业必须认识到这一点，在成功的战略联盟中，重点是如何共同把"蛋糕"做大而不是在已有的"蛋糕"里多分一份。通常，大企业在建立战略联盟的时候都深知这一点，但不少中小企业还未能转变观念。

2. 共享方式的创新

战略联盟由于持续时间较长，共享的资源种类更多，往往不再考虑资源是否处于闲置状态。知识资源和市场资源都可看作闲置资源，在战略联盟中，其他资源如机器设备、专业技术人才、空间等资源也会被调动起来。这些资源无法等处于闲置状态时才用于共享，这是我们在本书中唯一提到的处于非闲置状态下的资源共享。即便如此，这些非闲置资源的共享也是基于闲置资源的共享而存在的，这是实现知识资源和市场资源共享必不可少的条件。

由于不受时间、资源种类、资源数量等条件的限制，建立战略联盟的企业可以积极对共享方式进行创新，充分挖掘闲置资源的价值。

3. 充分交流

中小企业建立战略联盟，要充分利用合作交流平台，建立相互协作的信息网络；优化资源配置，做好统筹规划；及时协调解决协作配套中出现的问题，优化日常协调服务和跟踪服务；转变经营理念，加强经验总结，在深度合作中培育自己的核心优势。

战略联盟能充分整合各方的资源，创造巨大的商业效益。战略联盟是未来的发展趋势，中小企业应该在这方面进行积极探索和实践。

三、战略联盟案例中的资源共享

许多管理类教科书都有战略联盟的案例，战略联盟有多种形式，如共同开发、合作销售、股权联盟等，资源共享是其中一个重要的组成部分，并不是独立的。在战略联盟中，企业共享的资源大多是知识资源和市场资源。

（一）技术共享

如今的市场讲究个性化，产品功能越来越多，形式越来越丰富，材料越来越复杂。没有哪个企业能够长期拥有生产某种产品的全部技术。大多数企业都只掌握某项产品的部分技术，然后通过共同协作来开发新产品，满足消费者需求。为此，企业需要通过建立战略联盟实现技术共享。

技术共享是很多企业组建战略联盟的目的。它从研究开发开始，到产品生产、售后服务，可以扩展到产品价值链的每个环节。与技术共享配套的是技术人员、机器设备、精密仪器的共享，这三者是相辅相成、不可分割的。新产品的开发是个复杂的过程，从寻求创意到新产品问世需要耗费大量的人力、物力、财力、时间，市场环境复杂多变又使新产品开发上市的成功率极低。企业通过技术共享实现共同开发，可以利用共同的资源，进行技术交流，减少人力资源闲置情况，节省研究开发费用，分担风险，共同攻克技术难题。

例如，福特汽车与马自达从 1979 年以来共同研制 10 种新车型，福特汽车负责大部分汽车的式样设计，马自达负责关键部件设计。福特汽车擅长市场营销和资金筹措，马自达擅长开发制造，两家企业通过共同开发和原材料的合理分配，降低了生产成本，提高了产品的技术含量，实现了双赢。

（二）品牌与客户资源共享

资源共享没有一成不变的标准，企业无须局限于单一资源的共享，也无须拘泥于特定的共享方式。资源共享最大的特色是自由组合闲置资源，考量的唯一标准就是利用闲置资源创造价值。

例如，海尔与房产商万达结成战略联盟关系，推出"万达—海尔"的联合品牌。在万达开发的住宅房地产项目上，由海尔提供菜单式装饰、装修集成和室内电器等配套设施，并统一冠名"万达—海尔"房，大大提升了住宅的品位和知名度，实现了互利双赢。

万达和海尔都是国内知名品牌，都面向中高端市场。在这个案例中，双方充分利用了各自的品牌优势，海尔通过共享万达的购房客户扩展了自己的客户，而海尔自身的品牌影响力及一批忠诚客户也为万达带来一定收益。

（三）品牌与宣传渠道共享

在可口可乐公司与腾讯联合举行的"要爽由自己，畅享 3D QQ 秀"主题新闻发布会上，双方宣布结成战略合作伙伴，联手打造全新的 3D 互动在线生活。可口可乐公司同时宣布，其深受年轻人喜爱的 www.iCoke.cn 网站将借助腾讯推出的 3D QQ 秀网络虚拟形象，全面升级成中国首个运用 3D 形象的在线社区，为年轻消费者提供革命性互动沟通体验。

这是一次典型的知识资源（品牌形象）和市场资源（宣传渠道）共享的案例。可口可乐公司以自身产品及促销活动为腾讯 3D QQ 秀进行品牌宣传，同时腾讯也通过 QQ Game、QQ 等网络平台为可口可乐公司进行产品宣传，两家企业瞄准的都是年轻消费者。双方通过各自的产品、服务平台进行品牌传播，能使战略合作双方的营销策略、营销资源得到最大限度的共享。

双方的品牌形象及产品服务加以捆绑，相互渗透，相互促进，将两个品牌融合到一个框架结构下进行传播，取得了令人满意的效果。

第七节
抱团发展：全行业受益

　　抱团发展是近年来比较常见的企业合作模式之一，它打破了传统的竞争模式，不同企业从竞争转向合作。

　　管理学家对企业抱团发展进行了深入研究，提出了诸如"资源共享""优势互补""协同发展"等概念，但对于闲置资源的利用往往一笔带过。对此，我们试图进行深入探讨。

一、抱团发展的概念及现状

（一）抱团发展的概念

　　抱团发展是指多个具有某项共同性质的企业联合起来，通过资源共享、优势互补等方式共同发展，实现规模效应，提升行业或区域整体发展水平。这里的共同性质可能是同一区域、同一行业、同一客户群、同一目标等。

　　前面谈到的供应商整合、渠道整合和战略联盟都可以看作抱团发展的一种表现形式。

　　企业抱团发展的好处很多，如降低成本，为企业带来先进的管理模式，增强企业管理水平；加强企业间的合作，共同维护行业利益，确保行业健康发展；通过组建联盟扩大行业影响力，扩大市场需求；影响整个行业的上下游企业，让全行业共同获益。

（二）抱团发展的现状

抱团发展一般依靠当地政府、行业协会或市场领导者牵头，没有一定影响力的实体很难号召其他企业参与到抱团发展的行动中来。抱团发展产生了大量的市场机会，但又没有达到理想的发展状态。抱团发展的现状大致如下：

➤ 组建行业联盟，搭建联盟平台。抱团发展最早的模式是商会，全国各地都有大大小小、形式各样的商会，有的商会还会设立细分的协会，如玩具业协会、女企业家协会等。但大多数商会只是虚有其表，并没有将企业凝聚起来，使其真正实现抱团发展。

➤ 资源共享，加强协作。关于企业抱团发展，"资源共享"常被提及，但付诸实践的不多，导致"资源共享"仅仅是一句口号。

➤ 相互协调，寻求最优发展策略，谋求整体利益最大化。客观来说，企业抱团发展大多流于表面的合作，缺乏深入合作，没有很好地利用闲置资源。

二、在抱团发展中实现资源共享

商会对企业抱团发展的设想十分美好，但其日常的工作重心，主要是为企业之间、政府与企业提供对接，以及组织开展一些商业活动。此外，商会也会帮助企业解决在实际运营过程中遇到的具体问题，扶持具有发展潜力的主流行业，重点帮扶符合国家政策的高新技术企业和环保节能企业，对于企业实现资源共享并未提供太多指导性的意见和协助。商会无法消除企业间的芥蒂，难以提升企业间的协同性，这与企业管理者的传统思想和观念密切相关。

（一）抱团发展的形式

抱团发展有很多种形式，较为常见的是以下三种形式。

1. 产业联盟

产业联盟是最常见的一种抱团发展形式，是指某一行业内的企业或同一产业链下各个组成部分的跨行业企业的联合。联盟成员间一般没有资本关联，各企业地位平等，独立运作。产业联盟不能对成员企业构成竞争或威胁，而是服务于各个成员企业。

作为一种新型的产业组织形式，产业联盟在推动产业发展的同时，也存在着良莠不齐、服务能力不强、管理结构不完善、定位不够明确等问题。这些问题导致产业联盟公信力不足、结构松散，对成员企业的约束力很弱。

2. 区域联盟

区域联盟是指在同一区域内的企业的联合。例如，2016 年，福建省石狮市 200 多家企业抱团发展，成立"淘工厂联盟"，并在阿里巴巴开通石狮"质造"的电商专区，共同打造"石狮制造"品牌，打破了原有的弱势品牌、低价格、低利润的市场格局，企业从低价竞争转向携手合作。通过内部数据共享和行业协调，企业不再盲目经营，做到了有序生产，规避了同质化和产能过剩等问题。

区域联盟还能让企业品牌和城市品牌相互融合。石狮市的中小企业以"石狮制造"和"石狮服装"整体品牌参与市场竞争，分享了"石狮"这个休闲服装名城的品牌附加值。与此同时，大量企业的抱团行为，又在客观上提升了石狮的城市品牌价值，两者相得益彰。

3. 知识联盟

如今，知识更新迭代的速度前所未有，各种新技术、新观念、新商业模式不断涌现，企业之间的竞争已经从单纯的产品竞争转向新技术、新模式的竞争。尤其是对于科技企业而言，企业的竞争就是知识的竞争。

知识联盟也被视为一种战略联盟，其范围更广，参与的企业更多，不受地域限制。知识联盟是在产业联盟的基础上发展起来的一种更高层次的联盟。企业之间通过知识共享发展各自的核心技术，打造各自的核心优势。

事实上，知识联盟很早以前就出现了。美国通用汽车在 20 世纪 80 年代曾被日本丰田汽车、本田汽车超越。通用汽车总结了经验教训，制定"土星计划"，该计划是一个典型的知识联盟。通用汽车与电子数据系统公司、其他汽车公司、飞机制造企业，以及农业机械工人联合会开展合作，发挥各自的专长，共同开发新产品，实现了一场汽车工业的革命。后来"土星计划"还吸纳了许多供应商和销售商。

部分高等院校和科研机构也加入知识联盟，由企业出资，与企业进行新产品研发和技术攻关方面的合作。

然而，不少知识联盟并未充分发挥其应有的作用，而是将活动的重点集中在行业展会、企业交流、刊物印制、成员企业日常服务等商会性的职能活动上，导致联盟与商会职能不清、功能混杂。

（二）资源共享

抱团发展可以实现多方面的资源共享，也可以采用不同的资源共享模式，甚至可以扩展至行业的上下游。例如，石狮市的企业抱团发展，可以整合大量供应商，共同购买有知识产权的热门动漫商标，联合起来进行广告宣传、开拓市场渠道等。

抱团发展的企业分布于产业链的上下游和产品价值链的各环节，本身就有合作的现实基础和进一步发展的潜在空间。企业之间相互了解，在政府或商会的引领下，能产生一定的凝聚力和信任感。它们有着实现资源共享的"先天土壤"，只要再往前多走一步，就能创造显著的经济效益和社会效益。

企业在抱团发展中，可以实现资本资源、技术资源、人力资源、供应资源、市场资源等几乎所有闲置资源的共享。只有充分利用闲置资源，抱团发展才能达到整体利益最大化这一终极目标。

三、玩具行业如何在抱团发展中实现资源共享

2015年10月，《国内玩具企业合作案例分析 辛勤耕耘望秋收》的作者卢智毅详细介绍了近些年玩具行业抱团发展的情况，以扫描的方式盘点国内玩具行业较为突出的企业合作案例。我们摘录其中部分内容，并将小标题转换为闲置资源的共享。

（一）知识产权共享

品牌授权属于一种知识资源共享，是玩具行业目前常见的资源共享方式之一。

奥飞娱乐旗下拥有多个动漫形象，并将这些动漫形象授权给不同的企业生产相关的玩具。奥飞娱乐主要从事动漫形象的创作，并非玩具生产与销售。如果自己从事玩具的生产与销售，势必会花费大量的人力、物力和财力，并可能降低自己的核心优势。许可经营既能为它带来大量收入，扩大其品牌影响力，又可将企业资源集中在自己的核心竞争力上。玩具企业通过奥飞娱乐的品牌授权创造价值。双方的合作将动漫形象这一知识资源的利益最大化。

（二）供应资源、技术资源和市场资源共享

温州市永嘉县桥下镇号称"中国教玩具之都"，拥有教学类玩具企业 480 多家。企业在发展中会遇到一些问题，如资金、劳动力、土地等资源匮乏，产品重叠，互相压价等。为此，当地行业专家提出了一个大胆的设想：变竞争为合作，实现抱团发展。众多企业之间通过创建一个新的内部平台，实现了以技术资源和市场资源为主的共享，从整体上提升行业竞争力。

此外，桥下镇 15 家教玩具企业联合出资 3 亿元，共同组建新企业——立本实业有限公司，主要生产标准零部件并提供给各个股东企业。十几家企业统一采购，需求量大了，有条件直接采购塑胶原材，每吨至少便宜 1000 多元，一次采购就节省了六七千万元。很显然，供应资源的共享大大降低了各股东企业的生产成本。

（三）技术共享

近年来，科技含量更高的玩具成为国内外玩具市场上的主角。玩具生产企业通过与科技企业共享技术，提升了玩具的科技含量，增加了玩具的趣味性、互动性和教育性。

群兴玩具与科大讯飞进行合作，将智能语音核心技术应用到电动玩具上。科大讯飞负责适合玩具应用的嵌入式产品的持续研究和升级、产品技术方案研发、剧本编制、内容制作等工作，群兴玩具则负责物料采购、产品制造、成本质量控制、品牌宣传、成品销售等工作，双方在语音识别、文字图形识别、语音处理变换、动作语音操控、移动互联网玩具、人机交互系统机器人等方向上实现技术共享，探索应用需求，形成更多的智能化产品。

（四）行业共享

行业共享已开始显现其价值，但目前的行业共享仍局限在小范围内，

以零散和粗放型的方式进行。未来的行业共享将朝着理想化的或接近理想化的"商业生态系统"方向发展，形成一种崭新的商业模式。

➤ 在商业生态系统中，企业将更关注自己的生态位置，不同企业组成一个相互依赖的网络，共享各种资源。为了保持自己在系统内的稳固地位，企业不仅要摒弃商业欺诈行为，还要不断提升自己的竞争力。

➤ 通过行业共享，企业可减少重复建设和资源浪费，充分利用各种闲置资源，拓展更多的产品线和服务线。整个行业的生态系统不再是弱肉强食，而是进化成共赢的新机制。

➤ 企业级共享必须建立在企业级共享平台之上，企业通过这些企业级共享平台相互依赖，每个企业的利益都与其他企业的利益及整个系统的健康发展息息相关。各企业在共享各种资源的同时，共同创造新的价值。

第四章

看运营：实现企业级共享的原则与路径

第二章重点介绍了资源和闲置资源，第三章介绍了资源共享的基本模式和特殊模式，本章将结合前两章的内容，就不同企业如何实现资源共享做深入、细致的探讨。

我们不仅要探讨如何在线下实现企业之间的资源共享，还要考虑如何通过企业级共享平台实现资源共享。本章将重点阐述资源共享的几大原则、资源共享的具体实现步骤，并分析顾问人员在企业级共享平台上的重要作用。

第一节
不可不知的四大原则

◐

　　企业的任何经营行为，都需要遵循一定的原则，资源共享也不例外。企业级共享有四大基本原则：可行性原则、利益均衡原则、互补性原则和最优配置原则。这些原则不仅适用于企业之间的资源共享，更重要的是，还能让企业级共享平台实现资源的优化匹配，有助于为需要进行资源共享的企业找到合适的伙伴。

一、四大原则

（一）可行性原则

　　企业可以充分发挥想象力和创造力，自由组合各种闲置资源，但如果想要将资源共享的想法付诸实践，必须具备一定的可行性。比如肯德基不会在自家餐厅里售卖重庆火锅，至少短期内不会，因为这种结合不符合消费者的习惯。这种共享不会产生良好的结果，反而会吓坏消费者。当然，也许将来有一天，消费者改变了消费习惯，这种情况也不是不可能出现的。

　　这个例子向我们揭示了企业级共享的第一条原则：可行性原则。它是后面几条原则的基础。

　　可行性分析是根据项目的期望、目标及实施范围，对企业自身的人力、技术等方面做出评估，明确需要为配合项目而采取的措施和投资的资源。企业对一些重要的经营项目要进行可行性分析，这是企业经营活动的基本要求。然而，对于共享项目来说，除非是基于核心资源的共享，企业不需要花太多时间对其他类型的项目进行深入、细致的分析，不需要写详尽的可行性分析报告。

可行性原则主要有两方面内容。

1. 可操作性

实现资源共享的最基本的条件是技术、资本、管理等方面具备可操作性。曾有人尝试共享名画，但随后发现这根本不具备可操作性。首先，名画拥有者都有一定资产，不会在意出借名画的费用；其次，名画损坏、被盗、被调换都十分棘手，一旦产生问题，带来的损失将远远超过该模式创造的价值；最后，很少有人愿意花钱借用名画，市场需求不大。

2. 风险性

当管理成本或潜在风险大于或等于通过资源共享取得的收益时，共享便毫无意义。例如，在信息资源共享的案例中，房地产代理公司冒一定的风险将自己花高价收集整理的信息与房地产开发公司共享，这是值得尝试的。如果面对的是一个小楼盘，或者对方负责人很难缠，是否值得尝试就很难说了。

（二）利益均衡原则

资源在正常使用时，企业要考虑的是如何将资源创造的价值最大化，但在资源处于闲置状态并与其他企业共享时，企业除了要考虑自身利益，还要考虑对方的利益。否则，要么不利于充分利用闲置资源，要么共享难以实现，因为对方可以从其他渠道获得同样的资源，且不受时间限制。确保资源共享各方的利益均衡，是企业级共享的第二条原则。

在我们列举的案例中，利益均衡原则都适用。它是基于现代市场经济条件下对影响企业的多种利益关系进行分析、保障各方利益均衡的结果。利益均衡意味着对某一方利益过度保护的否定，使各方在共存和相容的基础上达到合理的状态，保护各方利益不受损害。有效利用这一原则，可适当化解各方的利益冲突。任何一方破坏该原则，很可能导致项目最后失败。

例如，在前文共享厂车和司机的案例中，5 家企业都提供汽车和司机，每 3 个月核算一次，按接送人员数量和地点分摊（而非均摊）各项成本，很好地体现了利益均衡原则。若其中一方试图打破利益均衡原则，几家工厂的合作就很难继续下去。

利益均衡原则考量两种价值：资源本身的价值及对对方而言的价值。利益均衡就是使这两种价值在资源共享各方达到平衡。再昂贵的资源对一个无法利用该资源的企业来说都没有意义。例如，在共享培训的案例中，该培训项目对袁老板而言是有价值的。如果一个人根本不需要培训，不要说 20 万元，可能他连 20 元都不愿意支付，反而会觉得浪费。

利益考量不仅要针对资源的有形价值，还要针对无形价值。我们很难在企业级共享平台上得到准确数字，需要大数据作为参考，由此再进行综合分析。

在企业级共享平台上，利益均衡原则十分重要。平台在收到企业发布的资源共享需求后，需要及时利用这一原则为需求方找到合适的合作伙伴。

（三）互补性原则

资源需求方利用其他企业的闲置资源，是为了弥补自身缺乏的资源。资源供给方如果需要将其闲置资源有偿让渡，也需要找到合适的需求方。无论哪一方发出资源共享的需求，目的都是为了实现资源互补，这是企业级共享的第三条原则，互补性原则。

如共享员工，供给方的大量员工处于闲置状态，但缺少用于发放工资的资金，而需求方需要大量员工，可支付一定的资源使用费，双方的合作实现了资源互补。

如果资源缺乏互补性，那么实现共享的可行性会大大降低。前面谈到的 H 网存在的一个问题就在于此，闲置资源没有交换到企业所希望得到的或所缺少的等值资源，因此资源共享对各方而言都缺乏实质意义。

资源互补早已存在，它还有更深一层的含义。当时提出的资源互补源于这样一种观点：一种资源只有在另一种互补性资源的配合下才能发挥其最大价值，且所形成的资源组合的价值远远大于单个资源的价值之和。基于此，我们可以发挥一下想象力，想想在哪些情况下资源可以互补，可以产生 1+1>2 的效果？

一些咖啡店与书店结合，正是基于资源互补的需要。咖啡店人流量大，环境安静，顾客层次较高，书店的书籍则可以满足顾客长时间逗留的需要，因此，二者的结合顺理成章。

互补性原则不仅在于共享的资源，还受企业的性质、产品、服务、规模、地域等因素影响。在企业级共享平台上，供需双方需要提供基本信息，然后平台利用大数据、人工智能等技术，对供需双方的闲置资源进行科学匹配。

（四）最优配置原则

上一章介绍了三种基本共享模式，还有一些特殊的共享模式。至于哪种共享模式更容易实现，还很难说。有些资源适合单向输出，有些资源适合双向共享。至于企业选择哪种模式、决定共享哪些资源，以及共享的数量是多少，就需要用到企业级共享的第四条原则：最优配置原则。

与前面三条原则不同的是，最优配置原则没有通用的法则，企业在不清楚如何实现最优配置的情况下，最好借助外部专家或企业级共享平台提供的辅助工具进行计算和分析。

资源共享要实现最优配置，企业需要研究两个方面：第一，参与共享的企业及数量；第二，参与共享的资源种类及数量。前者研究的是结构和效率，后者研究的是收益和效果。

通常，一个企业为每个部门配备多少人员并没有统一的标准。如房产中介公司的员工大多数是销售人员，加工型企业的员工大多数是操作员，科技企业需要更多的技术人员。企业为每个部门配备多少其他资源也没有统一的标准，就像我们看到的，不是每个企业都需要购买高端精密的设备。

其实，资源共享的参与方并不是越多越好，参与共享项目的资源也不是越多越好。从理论上来说，要想让各方都满意，资源越单一，参与的企业越少，就越容易实现。在共享会议室等案例中，双方很快达成了一致，但缺点也很明显，即创造的价值不大。

因此，要想优化配置参与共享的企业及数量，利用好共享的资源，需要综合考虑配置结构、整体利益、执行效率、管理成本和风险等多个因素。

1. 配置结构必须高效适合

在一般情况下，我们认为参与资源共享项目的企业数量为两家最为合适，合作容易实现，效率高，出现问题的概率小，潜在风险小，管理成本较低。然而，为了创造更多利益、节约更多成本，多家企业参与共享的情况也存在。多家企业参与的资源共享，要尽量让参与各方都得到回报。例如，在共享厂车和司机的案例中，如果参与方只有两家企业，那么，节省的费用对双方而言没有太大吸引力。

在企业级共享平台上，最常见的匹配方式是一对一，只有在两个参与方无法实现资源共享或创造的价值较小的情况下，才会增加更多参与方。不过，是否需要增加参与方，由企业自行选择。总之，对资源共享的配置机构来说，高效适合是关键。

2. 整体利益最大化

整体利益最大化的含义是：对参与方和共享的资源种类进行配置，应以整体利益为衡量标准，同时兼顾各项利益，充分剖析各项利益的特殊性和复杂性，根据双赢或多赢原则在各利益主体之间分配利益，使多个主体的整体利益最大化。

计算整体利益要明确节省的成本及创造的价值，同时还要考虑无形价值、潜在价值及未来可能创造的价值。此外，还要考虑资源的使用成本，包括内含成本和外显成本，如机器的维修保养费、员工工资、空间的租赁费等。

需要注意的是，整体利益最大化与利益均衡原则并不冲突，即各方在利益均衡的前提下，力求让整体利益最大化。

3. 其他因素

在权衡了配置结构和整体利益之后，企业要考虑执行效率、项目管理成本及风险，但不必过度担忧，顾虑太多容易导致企业止步不前，失去发展的大好机会。

严格来说，最优配置不是一条原则而是一项参考标准。无论企业内部的资源配置还是外部合作的资源共享，真正的最优配置可能永远无法实现，但并不妨碍其成为企业努力的方向。企业可以从多个可行方案中选择让大家都能接受的方案。

二、案例解析：共享饮食，王老吉凉茶进入肯德基餐厅

（一）案例

2004年7月26日，百胜全球餐饮集团在广东省部分地区的近200家肯德基餐厅同时推出具有地方特色的饮品——王老吉凉茶。

王老吉是广东省凉茶市场上的一个老字号品牌。广东省气候炎热，而王老吉凉茶消暑散热，很受消费者欢迎。

据了解，早在 2003 年 5 月，肯德基广州分公司就开始主动接触王老吉，寻求合作。饮凉茶是广东人的一种生活习惯，肯德基看准的就是这个卖点。普通王老吉凉茶颗粒是非处方药（OTC），为了让它进入肯德基的食品销售柜台，王老吉专门向广东省有关部门申请了王老吉凉茶颗粒的"食字号"批文。

自进入中国市场以来，肯德基就一直奉行本土化策略，以"立足中国，融入生活"为宣传口号，推出芙蓉鲜蔬汤、老北京鸡肉卷、香辣子鸡等中式菜肴。因此，肯德基餐厅售卖王老吉凉茶，也标志着洋快餐从本土化走向地方化。

虽然肯德基强调售卖王老吉凉茶的区域将根据销售情况再做决定，但不少专家认为，王老吉在肯德基投放凉茶的范围不会扩展到中国北方地区。

（二）分析

1. 闲置资源的利用

肯德基与王老吉的这次合作，彼此利用了大量的闲置资源。售卖王老吉凉茶的 200 家肯德基餐厅代表了两种闲置资源——空间资源和渠道资源，其实还包括附属于这两种资源的另一种资源——人力资源，即餐厅服务员。

肯德基使用了王老吉的招牌，王老吉有着肯德基没有的产品——凉茶。在某种程度上，这是对肯德基油炸食品的一种补充，吃了肯德基的油炸食品，再喝王老吉凉茶解油去腻，产品的互补性非常高。此外，王老吉凉茶还有"本土化"这一标签，也被肯德基加以利用。

相对来说，王老吉是更大的赢家，它的无形资源，即老字号品牌和清凉去油腻的产品功能，都是闲置资源，可用于共享。凭借这两种闲置资源，王老吉轻松地分享了肯德基餐厅的空间资源和渠道资源。

2. 排除产品风险

肯德基和王老吉都是市场上广受欢迎的著名品牌，彼此对对方的产品安全性都信得过，有关产品的风险基本可以排除。

3. 资源合作的原则

肯德基餐厅售卖王老吉凉茶，显然符合可行性原则、利益均衡原则及互补性原则。对于第四条原则需要依据市场销售情况而定。在刚开始合作时，肯德基就在 200 家餐厅同时售卖王老吉凉茶，合作范围非常广泛。双方的资源共享只限于广东省，是因为其他地区的人没有喝凉茶的习惯，因此该共享项目也符合最优配置原则。

不过，随着资源共享的持续时间越来越长，双方存在的利益纠葛也越来越多，最后分道扬镳。虽然外界无法了解双方结束资源共享的真正原因，但这个案例值得相关企业深入研究。

无论如何，它们的合作在许多方面是非常成功的，双方都利用闲置资源创造了价值，既有有形价值，也有无形价值。

4. 类似的合作

近年来，越来越多的餐饮企业进行共享饮食。例如，上海顶誉食品有限公司旗下的休闲食品品牌"久久丫"，在全国拥有 600 多家连锁店，但一直无法在南方市场取得理想成绩。2006 年，德国世界杯开赛，久久丫利用这个 4 年一遇的机会，提出与青岛啤酒合作，在自己的所有连锁店里免费陈列青岛啤酒，共享自己的渠道资源。青岛啤酒投入几千万元，获得中央电视台世界杯栏目的冠名权，也想利用这个机会增加销量，于是欣然接受了久久丫的优惠条件。

看足球、喝啤酒是众多球迷的习惯，再加上鸭脖子，更是一种绝妙的搭配。双方以此为卖点，展开联合营销，最后这一合作取得了巨大的成功。

第二节
资源共享的基本步骤

●○

　　企业之间实现资源共享就像消费者购物、企业外包服务那样，并不神秘，其实现过程有一定的共性。通过分解消费者在实体店和网络平台的购物流程，以及分解企业分别在线下和线上进行服务外包的主要流程，可勾勒出企业级共享在线下和线上的实现过程。

　　本节先列出整个过程的主要流程，然后再用项目管理的方式解析这个过程。我们将一层一层地揭开资源共享的面纱。

一、从购物到资源共享的实现步骤

（一）消费者的购物流程

1. 实体店

第一步：确定购物需求。

第二步：寻找合适的实体店，或在闲逛中随意进入一家店铺。

第三步：了解商品特性，选择自己满意的商品，议价。

第四步：确定购买，付款，取货。

第五步：如有退换货等问题，选择售后服务。

2. 网络平台

第一步：确定购物需求。

第二步：登录购物网站，搜索关键字，选择平台推荐的商家，或者看到喜欢的商品点击查看。

第三步：了解商品特性，选择自己满意的商品，议价。

第四步：确定购买，付款，待收货。

第五步：收货后，评价商品。如有退换货等问题，选择售后服务。

可以看出，无论在实体店还是在网络平台，消费者的购物过程大同小异，差别主要体现在价格和体验方面。

（二）企业服务外包的流程

1. 线下企业服务外包

第一步：确定服务需求，如需要制作网页。

第二步：通过各种渠道寻找并选择合适的服务企业。

第三步：双方沟通，接洽，签订意向合同，付定金。

第四步：服务开始，定期跟踪。

第五步：服务完成，验收。

第六步：售后服务。

2. 线上企业服务外包

第一步：确定服务需求。

第二步：登录企业服务平台，搜索关键字或直接找到相关内容栏，选择平台推荐的服务企业。

第三步：双方沟通，接洽，了解对方情况及服务内容，签订意向合同，付定金。

第四步：服务开始，定期跟踪。

第五步：服务完成，验收。

第六步：对服务进行评价；售后服务。

与消费者购物一样，无论线下还是线上，企业服务外包的流程大体相同。此外，我们通过报纸看新闻和在互联网上看新闻，去展览馆参加交易会和在网上参加网络交易会，所有的流程也是大同小异的。由此可见，将小范围的资源共享放在企业级共享平台上，其实现过程也与之前大致相同。

（三）资源共享的实现过程

1. 线下资源共享的环节

第一步：企业了解自己有何种闲置资源，或者希望使用哪些闲置资源。

第二步：确定资源共享的需求，是让渡闲置资源还是有偿使用闲置资源。

第三步：利用人际关系网络，找到合适的伙伴。

第四步：双方接洽，了解对方的情况，估算共享收益，预估问题和风险，签订意向合同或口头协议。

第五步：资源共享开始。

第六步：资源共享结束，总结交流共享体会，如有问题，共同协商解决。

2. 线上资源共享的环节

当前，尚无真正的企业级共享平台，资源共享过程及后续内容都是在我们设想的企业级共享平台上进行的。具体步骤如下。

第一步：企业了解自己有何种闲置资源，或者希望使用哪些闲置资源。

第二步：在企业级共享平台上输入自己的共享需求，让渡闲置资源或有偿使用闲置资源。

第三步：企业级共享平台通过技术手段，匹配推荐数个合适的资源共享合作伙伴，企业初步筛选后选择合适的伙伴。

第四步：双方接洽，了解对方的情况，估算共享收益，预估问题和风险，如有必要，可以让平台顾问介入，签订意向合同。这是将潜在需求转化为实际需求的关键步骤。

第五步：资源共享开始，双方可定期交流，平台顾问定期跟进。

第六步：资源共享结束，双方明确各自的收益，总结交流共享体会，双方互相评价，如有问题，平台顾问协调双方解决。

二、过程分解

接下来，我们进一步对企业级共享的过程进行分解，其中部分内容在后续章节中还会提到。这种层层递进的方式适合构建企业级共享平台，同时也可作为平台上的操作指南。

每次闲置资源的共享其实就是企业之间进行的一个合作项目。我们将上述六个步骤用项目管理的方式进行分解，其中第一步、第二步、第三步、第四步属于项目计划阶段，第五步属于项目实施阶段，第六步属于项目完成阶段。这三个阶段有两个明确的时间点。第一个时间点是签订合同后，第二个时间点是项目完成后，每个时间点在平台上都有该阶段项目完成的确认按钮。

对企业级共享平台来说，项目计划阶段是最重要的阶段，平台的主要作用也主要在该阶段事项中体现。对企业来说，项目计划阶段和项目实施阶段同等重要。

资源共享有三种基本模式。单向共享模式有点像滴滴出行，资源供给方和资源需求方的关系类似滴滴出行的司机和乘客的关系。乘客在选择好目的地之后，只需发出需求，即可由企业级共享平台自动完成资源匹配。由于多方共享模式过于复杂，在此，我们选择双向共享模式作为模板，来拆解其在平台上的实现过程。

（一）项目计划阶段

项目计划阶段主要对资源共享项目的需求、范围和可行性进行分析，制订项目的总体计划，并以合同的方式确定各自的职责和权利。一个好的项目计划能提供项目的全景描述，能够为实施项目控制和管理提供有力依据与标准。

此阶段的主要内容包括资源分析、需求分析、选择伙伴、方案讨论、收益分析、风险评估、拟定合同 7 个步骤。

1. 资源分析

在企业级共享平台上，企业可选择自己拥有的闲置资源，并以关键字进行描述，包括闲置的时间段、闲置的产品数量等。企业还可以列出自己希望获得的资源，这样有利于平台进行匹配。

必须说明的是，在企业级共享平台运营早期，企业要开展大量线下推广活动，就像淘宝网一开始是由淘宝商家发动亲朋好友光顾一样。

2. 需求分析

商家入驻购物网站和企业服务网站，在平台上展示自己的企业、商品或服务，有经济实力的企业会做一些宣传，然后静候有需求的客户光临。企业级共享则有所不同，它允许从两个方向发出需求。一是资源供给方，它发出让渡闲置资源，以获取回报的需求；二是资源使用方，它发出有偿使用闲置资源的需求。企业可以同时是资源供给方和资源需求方，同步发出需求，形成双向共享。

3. 选择伙伴

当企业发出需求后，由企业级共享平台推荐和匹配潜在的合作伙伴，但是否进一步接洽，由企业自己决定。

消费者在购物网站搜索商品，平台不会只向其推荐一个商家。企业级共享平台通常会给企业推荐多个潜在的合作伙伴，企业可以根据需求，选择最适合自己的合作伙伴。

这分为两步。第一步，平台通过技术手段，推荐和匹配数个合作伙伴。在推荐和匹配时，应综合考虑供需双方的性质，所处位置，资源种类、数量、价值等。第二步，发出需求的企业自行选择合适的合作伙伴。

平台还可以设置一个特殊的功能，即由平台顾问依据企业填写的相关信息，进行智能匹配，列出多个潜在的共享机会，然后平台顾问经过专业分析，为供需双方的线下沟通"牵线搭桥"，最终促进资源共享的实现。设置该功能的目的，是由平台主动创造条件，让那些对对方不放心或对资源共享不够主动的企业有面对面沟通的机会，提高合作成功的概率。

4. 方案讨论

无论由企业自己寻找合作伙伴，还是由企业级共享平台撮合，方案讨论都是不可或缺且极为重要的步骤。

如果企业不熟悉资源共享的具体内容，或者资源共享的需求较为复杂，也可邀请平台顾问介入，让其帮助相关参与方确定具体的项目内容。企业在明确自身期望和需求的基础上，初步定义资源共享项目的整体范围，并由此确定初步的共享方案，主要包括共享的资源种类、数量、地域、是否可行、利益是否均衡、资源配置是否合理、选择何种共享方式等。

5. 收益分析

确定好初步方案后，就可以对该方案进行分析，初步估算该项目能给企业带来哪些有形价值和无形价值。如果项目创造的价值较大、持续时间较长或是基于核心资源的共享，可以拟定几套方案，并分别估算各个方案的收益情况。

企业级共享平台可在这一环节提供支持，方便企业简单、快捷地估算相应的收益。

6. 风险评估

任何一个项目都必须进行风险评估，企业要对各种潜在风险采取相应的措施。该步骤也可由企业级共享平台完成，列出潜在的风险、可能出现的问题及注意事项，并对各参与方进行一定的约束。

7. 拟定合同

一旦上述步骤完成，即可着手拟定资源共享的项目合同，明确各方职责和权利。格式化的合同可由平台直接生成，如果资源共享双方需要补充更多细节，还可以下载补充协议进行专门约定。

从以上步骤可以看出，平台顾问在项目计划阶段的支持和推动作用非常重要。

（二）项目实施阶段

以猪八戒网为例，当企业在猪八戒网找到合适的服务外包商，并签订合同正式合作时，猪八戒网就成了局外人。该网站主要负责托管资金，提供自动化服务的支持。如果企业双方有争议或纠纷，猪八戒网的专业客服就会出面调停。

在企业级共享平台上也一样，当项目进入实施阶段后，主要由参与企业执行。其间，平台顾问可以定期跟踪项目进度，了解合作是否顺利，辅助项目顺利实施。如果发生利益纠纷，那么平台顾问应及时进行调解，调解应兼顾双方利益。

项目实施阶段的主要内容包括项目执行、变动管理、风险管理和项目跟踪。其中，前 3 项工作由企业自行完成，最后一项则由平台顾问执行。这 4 项工作相互交错，没有先后顺序之分。

（三）项目完成阶段

每个资源共享项目完成后，参与企业都可以结合具体实施情况和最初的目标对整个项目进行验收，查看项目成果，做出项目总结。企业与平台顾问还可以一起交流，分享经验。项目完成阶段的主要内容包括分析实际收益，生成总结报告，双方互评，以及处理后续问题。

1. 分析实际收益

当资源共享项目结束后，平台和企业可以就共享项目的实际收益做出详细的分析。

2. 生成总结报告

平台可以自动生成一份总结报告，详细介绍本次共享的具体情况，并发送给参与共享的企业。此举能让企业了解项目实施的整个过程，激发企业继续参与资源共享的兴趣。此外，总结报告还可作为案例存档备份备查。

3. 双方互评

合作双方就已经完成的资源共享项目进行相互评价，相互打分，以提高服务效率和质量。

4. 处理后续问题

当项目结束后，若某一方出现后续问题，如共享的资源被损坏，则由平台顾问出面协调，类似购物平台上的售后服务。

三、共享知识，成就知识经济

美国一位具备专业知识的自媒体人经常在自媒体平台发表文章，收入主要来自平台的广告佣金。然而，当他绞尽脑汁写出一篇颇为得意的文章后，一查收入，往往少得可怜，靠那点微薄的广告收入根本无法养家糊口。

国内不少自媒体人对此感同身受。导致这位美国自媒体人生活窘迫的原因有两个：第一，大量因兴趣偶尔写文章的自媒体人蚕食了市场；第二，专业媒体占用了大部分行业资源。在夹缝中生存的自媒体人如果找不到更好的出路，结局只有一个：最终在浩瀚的信息海洋中被淘汰。

我们不禁要问：为什么在知识经济时代，知识反而越来越廉价？

（一）面向个人的知识付费模式

2016 年被大多数人称为中国的"知识付费元年"，各种不同形式的知识付费类产品在市场上崭露头角，新的商业模式步入正轨。

这些知识付费都是面向个人的知识共享。知识拥有者大多是兼职，且很多人有专业背景，他们利用空闲时间向用户传递知识。我们不妨先来看看面向个人的知识共享有哪些模式，再来探讨是否能将这些模式移植到企业级知识共享中。

1. 自媒体

自媒体人可以看作只有一个人的企业实体。上面提到的那位自媒体人陷入窘境，是因为他对自媒体平台的认识有限，没有有效利用知识共享模式。自媒体平台本身只是个展示的舞台，让人们有机会展示自己的知识。自媒体人不应该只想着从平台的广告上获取收益，而是应该利用平台，通过知识共享，为自己做免费宣传，然后从其他方面取得收益，如线下培训、咨询等，名气大一点的自媒体人还可以到电台、电视台做客，替专业媒体或企业撰写文章等。

自媒体平台不用像专业新闻网站那样招募大量的记者和编辑，不需要耗费大量的资源，只须借助海量的自媒体人，尤其是名人，就可以获得大量流量。

自媒体人还有一种收入来源，那就是依靠读者的打赏。如果文章能让读者学到有价值的知识，读者就会主动打赏。

2. 收费文库

以百度文库为代表的知识共享平台采用了另一种共享模式。一些人将专业性文章上传至平台，若有人感兴趣，希望下载文章，则需要付费。在这种模式中，知识的价值不再体现在广告费上，也没有转移到线下活动中，而是变成了一种商品，通过共享实现了其商业价值。

不过，由于缺少专业人员把关，很多文章的可参考性并不高，鱼龙混杂，不少文章只是作者的个人见解或抄袭而来的。未来，低质量的文章将会被清理掉，收费模式更适合那些高质量的文章。毕竟，用户希望自己付费购买的是有价值的知识。

3. 付费问答

付费问答是一种专业性非常强的知识共享模式。提问者对感兴趣的问题付费提问，平台根据问题，及时匹配具有专业从业资格的回答者，其通过文字、语音、视频等多种方式给出专业的回答。此类应用主要集中在医疗、法律、教育、咨询等行业。为了顺应时代发展，一些平台吸引原创知识生产者入驻，由知识生产者推出付费资讯产品。

目前，绝大多数用户还不习惯这种方式。对此，平台应从培养用户习惯着手，让用户从免费到付费，从一次性消费到长期消费，最终让用户形成为知识付费的习惯。

4. 短视频

近些年，以抖音等为代表的短视频平台异常火爆，数以亿计的用户拍摄短视频并上传到这些平台，由系统根据一定的算法进行推荐。其中，大多数用户都是进行自我展示，而不是进行知识共享，因此并不重视广告收入。当然，也有一部分用户以拍摄短视频为生，少数成功者收入不菲。

（二）企业级知识共享

前面已谈到多种企业级知识共享，如技术共享、品牌授权、联合品牌、联合开发、信息资源共享、共享培训、创新联盟、知识联盟等，还有一些知识与其他类型的资源结合起来的共享方式。那么，还有哪些方式可以实现企业级知识共享呢？

1. 知识付费

上述四种面向个人消费者的知识付费模式能否移植到企业级知识共享之中？经过深入分析，我们认为这具有一定的可操作性。

例如，很多自媒体都是企业在运营，其经常发布一些专业文章，目标读者为企业用户。企业通过在自媒体平台上分享知识，提升自身影响力，或依靠线下活动获得收益。

收费文库的目标用户并非单指个人消费者，还包括企业。但由于没有文库专门面向企业，因此，此模式是否可行仍有待验证。

付费问答的方式较难移植到企业级知识共享之中。此外，短视频也不适合企业，企业要想生存，不能仅依赖打赏或广告。不过，如今很多平台都提供直播培训，其中不少培训专门针对企业，这种知识付费模式属于企业级知识共享范畴。

2. 知识传递

前面共享信息资源的案例带给我们这样的启示：很多知识共享都是免费的，产生的是无形价值和潜在价值，如研讨会、免费的公众号文章等。企业举办的研讨会实际上是利用宣传渠道向目标客户传递知识，展现自己的实力，并希望通过与客户共享知识，获得合作机会。

可以预见，随着科技的进步和人们终身学习的需要，知识共享的新模式也在酝酿中。

（三）小微企业如何实现知识共享

小微企业的知识需求来自两方面：一方面，希望利用自身的知识资源创造更大价值；另一方面，希望获得更多的知识资源来弥补自身的不足。

1. 消除障碍

企业要想实现知识共享，首先应该消除知识共享的障碍。障碍主要来自知识供给方和知识需求方。

知识供给方的障碍包括陈旧的观念和保守的态度。很多企业都把知识看作私有财产，将其当作保障企业竞争优势的核心资源，担心知识一旦外泄，相应的优势地位就会丧失，自身的利益就会受到损害。正是基于这样的观念，许多企业不愿意共享知识。需要注意的是，知识是不断更新和发展的，因循守旧其实很难使企业保持长期优势。

知识需求方的障碍因素包括学习态度不好、过于自信，以及对他人表示怀疑。一方面，知识的接收和学习需要投入大量的时间、金钱和精力；另一方面，企业习惯固守自己已有的知识，对他人的知识持怀疑态度。此外，企业可能因为面子问题而不愿意去接收新知识，也有可能为了保持权威或自视清高而不屑于学习新知识。这些主观因素的存在，都使企业级知识共享举步维艰。

2. 激发需求

企业应该认识到，在信息时代，只有不断学习、更新知识，才能继续保持竞争优势。企业的学习涉及所有员工，员工要将学到的知识应用到企业的实际经营之中。

企业不仅要激发自身对知识的需求，还要激发他人对知识的需求。无论企业计划用哪种方式实现知识资源的共享，都应该基于相互需求、相互利用的初衷，才能以最小的代价获取最需要的知识。

3. 建立渠道

建立知识共享的渠道包含两个方面：一方面是企业将知识传递给目标群体的渠道；另一方面是企业利用其他企业知识的渠道。企业应积极参加行业内的各种知识共享活动，不仅要积极学习知识，还要积极传递知识。

第三节
计划：共享项目的实现基础

在资源共享的过程中，参与各方都有自己的利益诉求，有潜在的风险和可能产生的问题，还有各自的责任和权利等。本节重点解析项目计划阶段的相关内容。

除非是基于核心资源的共享项目，一般项目的计划阶段应在满足各方期望的前提下尽量简化。

一、需求分析

需求分析关注的是企业希望利用自己的闲置资源创造怎样的价值，以及希望获得哪些闲置资源。

显然，此处的需求分析与一般性的企业合作项目或企业对客户的需求分析不同，是企业从资源共享的两个方面进行的自我分析，以此作为企业级共享的依据。平台顾问可主动为企业提供有价值的咨询和建议，帮助企业明确需求。

（一）需求的种类

按照对标的物的不同期望程度，需求有三种类型。

第一种需求是预设性的，即交易双方所共有的背景知识或无可争议的信息。例如，房东将房屋出租，他的预设条件是房屋不会被租客霸占或转卖且不会遭到破坏。租客的预设条件是房屋的结构是安全的，房东不会同时将一套房子租给两个人等。这类预设条件都是约定俗成的，双方都会接受，同时也受到法律的保护。

参与资源共享的企业也有一些预设条件。资源供给方在让渡资源时，会要求其资源不会被霸占或被破坏。例如，资源供给方将资源用于共享，他会要求资源是安全且可收回的。资源使用方则要求该资源安全且来源合法。这些预设条件，可以在资源共享的合同中明确。

第二种需求是用户的真实期望和特殊偏好。所谓"以客户需求为导向"，说的就是这种需求。此种需求值得企业相关人员重点关注。

第三种需求是与实际情况不符的过高要求。有些客户会提出一些无理要求，且在价格上丝毫不肯让步。这样的客户是比较难缠的，但企业相关人员还得笑脸相迎，尽量与其沟通，改变客户的想法，不到最后一刻绝不放弃。

在企业级共享中也会出现同样的情况，个别企业的要求可能不合理，其期望与实际背离。这就需要参与共享的企业了解资源共享的意义和价值，如果平台顾问实在无法说服企业接受这一点，那么只能暂时放弃。

（二）真实需求

真实需求体现了两重含义：第一，它代表了参与资源共享的企业的实际期望；第二，真实体现了"客观"这个词的本质含义，即需求应当是可实现的。

对资源供给方来说，其希望利用自己的闲置资源创造怎样的价值，是经济上的价值，是为了解决问题，还是为了获取先进技术？只有能带来现实的或潜在的价值的资源共享，才有机会实现。

对资源需求方来说，其希望获得哪些闲置资源，准备花多大代价，需要多少，什么时候需要，在何处使用？只有明确了自己的需求，才能有目的地寻找合作伙伴。

例如，在共享会议室的案例中，王明需要寻找一个办公室，以应对客户的来访。他最初的想法是以付费方式临时借用一个办公室，但没有企业愿意与他合作。在咨询师李强的帮助下，王明找到了叶总，并且愿意将该客户资源让渡给叶总。叶总接受了这个条件，让渡办公室的临时使用权，同时使用了王明的客户资源，并且同意若王明的客户与自己合作，他可支付一笔佣金。

通过这个双向共享的案例，可以归纳出需求的 6 个要点。

➤ 需求有多种表现形式。资源共享的目的不是只创造有形价值，还要创造无形价值。从有形价值和无形价值两个角度去探索资源共享的目的，企业就能对自己的具体需求有更透彻的了解。

➤ 需求可能会改变。需求的改变源于合作方式的改变，或者是各方在进一步沟通后达成一致，相互妥协。例如，在共享设备的案例中，鞋材厂的需求从加工收费转变为有息借款，缓解了资金短缺的压力。

➤ 实际效果可能超出需求。如果实际的资源共享项目能够给企业带来意想不到的价值，将会大大激发其对资源共享项目的兴趣。王明从有偿使用办公室到与叶总共享客户，由资源共享变为战略联盟。

➤ 应明确和量化需求。在分析有关共享资源的种类、数量、时间、地点、价格等需求时，应该具体、明确，在数量和价格方面还需要量化。如王明需要使用办公室的具体时间、叶总支付给王明的佣金的具体比例等。

➤ 需求是可以被激发的。叶总最开始拒绝了王明的提议，经过沟通后不仅接受了提议，还给出更丰厚的条件。这说明，需求是可以被激发的。

➤ 要充分考虑企业及资源的特性。企业进行需求分析时，还要结合企业本身及资源的特性，充分考虑不同的资源共享合作方式，才有机会使闲置资源的利用效益最大化。

二、收益分析

通过向参与各方展现资源共享带来的经济收益，容易使各方产生更加直观的认知，进而改变固有的观念。

（一）预估收益

在项目计划阶段预估资源共享可能带来的收益，有助于增强企业进行共享的意愿。预估收益不需要非常精确的数字，但也不能随心所欲，需要考虑资源的使用成本或消耗成本。

不同的资源有不同的价值，同样的资源在不同的企业中会产生不同的价值。例如，在共享员工中，有些资源供给方让渡员工，却不考虑自身利益，只求让员工有收入，以减少自身压力；另有一些资源供给方却按高于自身能够给到的工资让渡员工，以减少社会保险费等成本。

预估收益可采取以下几种方式。

➤ 以资源供给方希望获得的价格为预估收益。当然，这里有个前提，该价格必须合理。如果价格不合理，可由平台顾问与资源供给方协商。

➤ 以资源需求方希望付出的价格为预估收益，同样，该价格必须合理。

➤ 对于双向资源交换，通常以企业获取对方资源所需要付出的市场价格的一定比例来粗略估算，我们建议选取一个双方都认可的比例。例如，在共享会议室案例中，如果租用外部酒店的会议室需要花费2000元，那么共享会议室的价格为1000~1600元就比较合理。

➤ 有些资源无法参考现有的市场价格，如渠道资源。在这种情况下，预估收益应该以企业拓展相同的渠道所需要花费的成本来计算其收益。我们仍以共享会议室为例，假如金融公司开拓30个潜在客户，需要投入的成本是2000元，那么同样可以得出其通过共享所得到的收益。

➤ 节省的成本也可以当作收益。如在共享培训案例中，袁老板支付的 20 万元共享培训的费用即为罗老板节省的成本，这也是共享带来的收益。

（二）实际收益

在资源共享结束后，可计算共享产生的实际收益。如果资源共享的持续时间较长，也可定期计算实际收益。实际收益必须以精确的数字衡量，不仅要计算创造的价值，还要减去其中的各项成本，包括显性成本和隐性成本。

计算实际收益不能简单地套用公式，需要根据企业之间资源共享的实际情况计算。

➤ 资源共享所产生的收益，应减去其中的各项成本。例如，有些企业使用共享员工时，资源供给方已经为员工购买了社会保险，资源需求方不需要付这笔费用，可以将其当作收益的一部分。

➤ 项目管理有一定的成本，但不可滥用。一些人喜欢夸大成本或重复计算成本，如在计算招聘新员工成本的时候，将招聘人员的工资及主管经理的培训时间都计入成本，这明显不正确。

➤ 有些资源需求方如果不使用共享资源，就不得不从其他途径寻找资源，那么，其收益就是正常途径下的成本减去共享资源的成本。例如，在共享环保服务案例中，玩具厂如果要通过一般途径与危险废弃物服务商合作，需要花费 10000 元，而利用资源共享只花费了 2000 元，意味着其收益为 8000 元。当然，其他运输成本和管理成本也需要计算在内。

➤ 如果资源需求方纯粹为了利用闲置资源创造价值，那么就直接将实际创造的价值当成实际收益。在共享信息资源的案例中，如果房地产公司拒绝与吴霞合作，那么其收益为零，等于花的两万多元打了水漂。但一旦合作成功，收益会比购买这份调研报告所花费用高几十倍乃至数百倍。

➤ 对于一些技术、市场等非显性收益的计算，可以从客户转化率的角度预估资源共享的收益。例如，在共享会议室案例中，如果金融公司未能将潜在客户转化为实际客户，则实际收益为其在正常条件下向这些人推广所需要的成本。

➤ 如果可以的话，实际收益也可能为零，如选择一些非经济收益的项目。前面列举的几个案例，资源拥有方的实际收益都为零，如共享会议室案例中的金融公司，共享环保服务案例中的家具厂。这时，提供一些比较好的选项并无不妥，如增进客户关系、得到潜在客户等。

需要强调的是，在实际操作中，除非是共享核心资源，或创造的价值较大、持续时间较长的项目，普通共享项目应尽量简化，以免增加不必要的管理成本和其他成本。

三、责任和权利

确定资源共享各方的责任和权利是项目开始前的最后一步，通常与拟定合同同步进行。

资源共享与一般的企业合作不同，有多种共享模式。其中，双向共享和多方共享的企业之间，并无明确界限，因此不宜用传统方式来定义资源共享双方的责任和权利。但无论参与方是资源让渡还是资源交换，都可以以资源本身为出发点，合理划分各方责任和权利。

我们列出一些基本条款，特殊条款可依据实际情况增加。

（一）资源供给方的责任和权利

资源供给方应确保其资源来源合法有效，归其自身所有。若资源的所有者并非资源供给方，需注明资源来源。

资源供给方应确保其资源完好可用，安全性能符合国家法律要求，不得将有缺陷的资源当作完好的资源让渡。

资源供给方可按一次性或阶段性方式获取让渡资源的回报。

（二）资源需求方的责任和权利

资源需求方应告知资源供给方关于资源的用途，妥善使用资源，不得将资源用于违法犯罪等活动，不得破坏资源的完好性能，法律规定的正常损耗除外。

无形资源的使用同样需要受到保护。在共享会议室的案例中，如果金融公司的销售员喋喋不休地向客户推销，那么就明显破坏了资源共享的初衷。

若资源在使用过程中被损坏、丢失，资源需求方应立即告知资源供给方，并按市场价格赔偿。

资源需求方应按一次性或阶段性方式支付使用资源的费用。

（三）各方共同的责任和权利

➤ 各方在资源共享中都不得损害其他企业拥有资源的合法利益。

➤ 各方在资源共享的过程中，应及时分享所有必要的信息，以免给对方造成不必要的损失。

（四）附加条款

资源共享的双方可就一些特殊情况增加附加条款。例如，在共享办公室的案例中，若王明的客户与叶总的公司成功签订合作协议，王明不但不需要支付使用办公室的费用，反而可以获得一定比例的佣金。

若各方有更进一步的资源共享需求，可按照一事一议的原则另行商定共享合作方案。

此外，还需要补充一点，即违约责任，通常是指一些赔偿相应损失之类的规定。例如，在共享设备案例中，如果鞋材厂的资金存在困难，在借款到期后仍无法偿还，其不仅需要支付利息，还需要支付违约金等。

第四节
执行：共享项目的实施与完成

　　每个资源共享项目都需要进行管理和跟踪，目的是确保资源共享的各方按照既定的方案和计划实施，满足或超越最初的要求与期望。一些持续时间短、收益不大的项目，管理和跟踪过程相对简单，那些持续时间较长且创造价值较大的项目，需要进行较长时间的管理和跟踪。

　　企业级共享项目的管理和跟踪与其他项目不同，主要从以下两个方面进行：项目管理主要由企业负责，内容包括项目执行、变动管理和风险管理，整个过程需要各参与方的协同合作；项目跟踪则交由企业级共享平台负责，根据企业在项目管理中的行为进行跟踪，协助项目顺利实施，平台的跟踪贯穿于整个共享项目之中。

一、项目执行

　　项目的成败与项目管理休戚相关。此处，我们以共享厂车的案例作为参考，来解释整个项目的执行过程。

　　➤ 指定负责人，授予其一定的权力，其对共享的资源负责。在共享厂车的案例中，每家企业的项目负责人都是行政经理，后勤主管负责安排车辆，如联络司机、与其他企业协调车辆，并记录每次的用车情况等。

　　➤ 若参与方为两个或以上，可将项目分解，落实到每一个执行人。

行政经理、后勤主管和司机各司其职,各担其责。

➤ 建立统一的信息沟通渠道。5 家企业的行政经理、后勤主管和司机通过微信建立工作群,并提供相关支持,每天记录用车情况和用车成本,包括目的地、乘客、公里数、通行费、停车费等。

➤ 为直接参与资源共享项目的人员进行培训,使他们充分了解共享用车项目的主要工作内容。每家企业的两名代表经过协商后,确定具体的共享方案。后勤主管将共享厂车的方案告知具体操作人员,即司机,并告知相关行车线路。

➤ 建立重要工作的报告程序,以便随时了解方案进展情况,及时调整行动。共享厂车的事项并不牵涉企业的核心业务,只在发生意外或紧急情况时才需要报告,如产生用车纠纷或某家企业中途退出。

➤ 定期回顾,讨论共享方案中的具体落实情况。5 家企业的行政经理和后勤主管每 3 个月总结一次,计算各自节省的成本及应分摊的费用,看看有无需要改进之处等。如果是深度资源共享,还应该以例会的形式向各方报告项目的执行情况、需要解决的问题、资源共享的阶段性收益等。该报告可由平台顾问在项目跟踪时完成,其中的绝大部分内容在企业和平台顾问将相关信息输入平台后由系统自动生成。

以上 6 点是一般性资源共享项目管理的主要流程,额外增加的工作如后勤主管的记录和协调及对司机进行简单的培训,也是他们的分内之事。因此,在没有发生意外情况的前提下,额外的管理成本可以忽略不计。

二、变动管理

(一)变动的种类

很多项目都会在执行过程中发生变动,如共享项目提前中断,资源的种类、数量减少,项目时间延长,责任人更换等,因此需要进行变动管理。根据变动对项目的影响程度，我们列出积极变动、消极变动、内部调整和项目中断四种类型。针对不同变动要采用不同的管理方式。

1. 积极变动

积极变动是指项目的变动对各方都有利，双方朝着更好的方向发展，如创造更大的价值，增加资源共享的种类、数量，延长资源共享的时间等。在共享办公室的案例中，双方经过初次共享后，都认为可继续合作，于是增加了资源共享的次数及资源的种类。

积极变动需要得到各方认同，如果变动较大，则需要重新拟定共享方案。

2. 消极变动

消极变动是一方因某些原因提出缩减共享资源的规模，如减少共享资源的种类、数量，缩短共享的时间，减少共享的次数等。通常，消极变动会相应减少资源共享项目的整体收益，也可能给某一方造成额外损失。

3. 内部调整

各方可能会在共享项目的进行过程中做一些内部调整。通常，只要这些内部调整不影响各方利益和共享项目的实施，那么可由企业自行处理。内部调整的内容如果在企业级共享平台上有相关记录，则应做修改，否则只需口头告知。例如，在共享设备案例中，鞋垫厂的共享资源由资本资源变为银行担保能力，那么应在平台上做相应修改。

4. 项目中断

项目中断就是其中一方因故宣告项目提前结束，是影响最大的一种变动。在某种程度上来说，项目中断意味着项目失败。

项目中断后，会产生一个新问题：是否应该向对方提供赔偿？这是一个值得探讨的问题。很多时候，一旦项目的合同签订好，对各方都有约束力，那么提出中断的一方就会给另一方带来一定的损失。因此，除了遇到不可抗因素，有责任的一方应该尊重合同约定，否则都应该按合同要求进行赔偿。

（二）变动原因分析

任何一方在发生变动前，都应该在平台顾问的参与下，与其他参与方协商，避免做单方面的变动，任何单方面的变动都被视为违约行为。

消极变动和项目中断都应该先找出具体原因，进行分析并寻找解决方案。如果能找到双方都认可的解决方案，尽量不发生变动，以免对双方造成损失。当然，如果有些变动是不可避免的，那么就应该找到原因，根据原因确认各方责任及相关的赔偿标准。

例如，在共享食堂的案例中，若去食堂吃饭的皮带厂的员工减少了，原因可能是食堂饭菜不符合一部分人的口味，也可能是皮带厂的员工因离职减少了，还可能是该厂选择了更好的共享伙伴。对于不同的变动原因需要用不同的方式解决，以及定义相关的责任和赔偿标准。

如果项目中断，各参与方应该搞清楚背后的深层原因。如果是其中一方恶意破坏共享的资源，则该项目中断的损失由其负全责。

（三）其他注意事项

1. 资源共享项目的变动不宜过于频繁。少量的共享资源增减不一定要立即变动，可积累到一定程度再来修改，如增加共享员工的人数。

2. 原则上，企业可自己在企业级共享平台上修改变动的信息，平台应尽量减轻企业的负担，变动内容的修改也可由平台顾问负责。平台顾问在修改后将新的共享方案与合同发送给各方，由各方确认同意后，方可生效。

3. 平台应提供变动管理工具。变更内容要与项目的各个阶段及各方相关联，不能出现变动情况只在一方发生而另一方完全不知情的情况。

三、风险管理

风险管理就是通过一定的管理手段，化解风险或将风险最小化，实现效益最大化。

（一）指定风险管理者

企业内部参与资源共享项目的主要有两类人：责任人和使用人。这两者也可能是同一个人。使用人应按照项目方案及列出的风险，规范使用共享资源。责任人负有监督的义务，应随时采取相应的措施进行劝告、惩罚和挽救，确保使用人严格执行。如在共享厂车的案例中，责任人是各家工厂的行政经理和后勤主管，使用人则是司机。

在计划阶段，风险评估和防范可以覆盖大部分潜在风险，并能将主要的风险包含在内。但有时候，项目的风险可能并没有完全评估到位，一些风险会随着项目的推进而显现，是额外产生的风险。责任人和使用人应该及时了解各种状况，制定风险管理策略。各参与方应针对新发现的潜在风险，重新拟定控制措施，适时调整项目的方案并进行严格监控。

值得一提的是，风险管理工作贯穿整个项目，并非单独进行的，就像工人要一边操作机器，一边注意生产安全一样。

（二）建立风险管控程序

参与各方应建立沟通和奖励机制来鼓励成员随时管控项目风险。风险有一定的关联性，有时一个企业的失败会给其他企业造成损失。那么，该环节的风险应由损失最大的一方来控制，给予其监督和决策的权利，并由其制定相应的控制措施。

管控程序要注意"及时性"和"反复性"。及时性意味着要在风险发生的第一时间做出判断并采取措施;反复性意味着要经常回顾已经发生或已经得到控制的风险,确保风险能够得到长期稳定的控制。

如果共享旅游能够实现,那么企业级旅游共享平台应对各个渠道的成员建立相应的管控程序,确保各成员履行自己的职责,提供令游客满意的服务。

(三)问题管理

问题管理是指在问题出现前或出现后,企业通过一定的手段解决问题,防止问题进一步恶化,以免造成不可挽回的损失。问题管理的宗旨是保证在项目实施过程中,问题能得到及时有效的解决。

企业应尽早发现问题,并及时加以修正,以便为后续工作提供参考。此外,参与各方还可以建立群体协商机制,通过协商来解决问题。

四、项目跟踪

由企业级共享平台促成的资源共享项目,每一个项目都要有专人负责。一旦项目开始,平台顾问就应该进行跟踪,并确保共享方案的顺利实施。

平台顾问应把跟踪作为一个必要的工作循环环节。在跟踪过程中,平台顾问可能会发现方案存在不完善或不周全的地方,可以将其记录下来,以确保其他项目中不再出现同样的问题。

下面,我们依然用共享食堂的案例来探讨平台顾问应该如何跟踪项目。

（一）跟踪的内容

平台顾问在项目跟踪中的角色类似项目经理，主要起协调作用。平台顾问应该从三方面进行跟踪。

➤ 项目是否按方案执行。包括谁使用闲置资源，企业是否安排人员负责保障资源的安全性，如果方案有缺陷是否可以及时调整。该跟踪内容与上述的项目执行和风险管理相对应。

在共享食堂案例中，平台顾问跟踪的内容包括企业如何安排皮带厂的员工就餐，食堂是否已做好准备确保能供额外的 150 人就餐，员工第一次就餐是否顺利，还有哪些需要改进之处等。

➤ 项目是否有变化。包括是否增减共享资源的种类，数量有无变化等。该跟踪内容与上述的变动管理相对应。

如员工对伙食不满意，是否会减少就餐人数？食堂是否应该增加其他伙食品种以满足更多人的口味？如果皮带厂增加员工，食堂能否满足需求？

➤ 项目是否如期实现。包括参与共享的各方是否满意，是否打算继续合作等。该跟踪内容是项目结束前的总结。

经过一段时间的资源共享，平台顾问可以与食堂负责人进行总结，了解是否达到了当初的目标，如增加了多少收入，还可以向皮带厂员工了解其对就餐的满意度。

（二）跟踪的步骤

跟踪的步骤如下。

➤ 了解项目开展情况。平台顾问需要了解各方的负责人和执行人，了解资源分配情况，资源的保障情况等。

➤ 问题管控。如果在跟踪的过程中，平台顾问发现出现了严重的偏差，就要找出原因并分析。在分析偏差时，必须了解哪些因素是他人无法控制的。

➤ 纠正措施。如果项目偏离，平台顾问需要与各方协调，进行纠正，或者变更计划。

➤ 定期反馈。平台顾问应将跟踪的情况定期反馈给各方，如是否按计划进行并达到所期望的结果，是否需要更新计划及资源。定期反馈还包括召开定期会议，如共享厂车案例中的行政经理每 3 个月总结一次，这就是定期会议。

➤ 记录。平台顾问应在平台中记录所有关键事项，然后由系统自动生成一份项目报告。

五、互评机制

评价体系是大部分网络平台用来了解用户体验的一种方式，是大量用户对某一特定产品的真实反馈。不同的平台有着不同的评价体系，其设计的依据是平台的具体功能及所提供的产品或服务，最终目的是为了帮助用户高效决策，帮助平台和商家不断进行优化和改进。

完善的评价体系可以增加平台的公信力，大众点评网就是一个依托用户评价而成长起来的极具代表性的平台，它的评价体系让用户觉得真实、客观。

评价体系可分为单向评价和双向评价，用户在淘宝网上购买商品后进行点评，属于单向评价。在滴滴出行上，乘客搭乘顺风车后，会给司乘双方一个互相评价的机会，属于双向评价。企业级共享平台应采用双向互评体系，各方都可以就共享体验做出评价。

评价包括四个方面：企业对共享项目的评价、企业对合作伙伴的评价、企业对平台的评价和平台对企业的评价。其中，前三类评价可以放在一起，一次性完成。要想使评价真实可信，需要做到如下几步。

（一）设计评价体系

➤ 设计一个科学的评价体系。评价不能占用用户太长时间，一般情况下用户不会花超过三分钟的时间去评价某个商品或某项服务。问题应以单项选择题或多项选择题为主，以开放式问题为辅。

➤ 问题的设计要同时具备可供其他用户参考的特点，以及可供平台或其他企业进行改善。

➤ 为了尽量让用户参与评价，评价应带有一定的激励性质，如积分奖励或电子货币奖励。我们发现，携程旅行网的评价激励机制较为有效，适用于企业级共享平台。

➤ 可通过追评来矫正之前的评价。平台顾问应跟踪给差评的用户，了解具体情况，给用户提供有效的申诉渠道。

（二）评价的内容

企业之间进行资源共享，参与对象有共享项目、合作伙伴和平台三个。评价体系的设计需要同时考虑这三个对象。

➤ 对本次共享的评价。可以按照是否可行、是否达成项目目标、是否对企业有利等方面进行选择，同时可增加开放式问题，如有哪些值得改进之处等。

➤ 对合作伙伴的评价。包括对方的合作态度、是否会继续合作、合作是否满意等。

➤ 对平台的评价。包括平台的界面是否友好、对平台顾问的服务是否满意、平台处理问题是否公正等。

（三）开放式问题的设计

对于开放式问题，参与共享的企业可以就以下三个方面做出适当评价。

➤ 品质。着眼于合作伙伴的特点，如忠诚、可靠、主动、有创造性、有自信、有协助精神等。

➤ 行为。着眼于共享过程，如是否发生纠纷、合作是否顺利等。

➤ 效果。着眼于结果，如是否达到预期目标、对共享带来的价值是否满意等。

（四）平台对企业的评价

如有需要，平台可以为平台顾问设计一套评价体系，对每一次资源共享的参与各方做一个较为客观公正的评价。

该评价体系没有好与坏之分，可采用类似于百度对自媒体的五维指数模式，从零开始积累分数。这样的评价有助于激励企业更好地参与资源共享。建立五维指数模式需要用到人工智能，具体内容下一章会进行介绍。

第五节
顾问：不可或缺的特殊角色

企业级共享虽然不是高不可攀的东西，但确实需要一定的知识和经验，要求企业探索、挖掘不同的闲置资源和共享机会。与其他网络平台不同的是，平台顾问扮演着不可或缺的角色。这个角色不能被平台或软件所代替，这是因为企业级共享不像其他网络平台那样有标准化的模式可以直接套用。

具体来说，平台顾问需要根据共享项目的不同情况做不同反应，充分体现出资源共享项目"具体情况具体分析"的特点。

一、职责

前文我们多次提及平台顾问在企业级共享中承担的多重作用，包括连接、推动、调配、协调、保障等。此外，其还要给对资源共享这一概念感到陌生的企业提供帮助。

（一）提供专业咨询服务

对很多企业而言，资源被闲置已成常态，而管理者并不会加以利用，甚至不懂何为闲置资源。平台顾问的职责之一，就是为这些企业提供专业咨询服务，告知其关于资源共享的基本内容，阐述资源共享的价值。平台顾问相当于咨询师，这一职责贯穿资源共享的全过程。

此外，平台顾问还要向参与资源共享的企业管理者解释相关的风险、可能发生的问题、可以获得的利益等。同时，帮助企业分析其希望获得的利益是否在合理范围之内，告知其共享闲置资源会产生哪些无形价值等。

在必要的时候，平台顾问还可以亲临现场，帮助企业梳理闲置资源，挖掘机会，找到实现资源共享的最佳方式。

（二）推动资源共享的实现

企业级共享目前尚处于萌芽状态，要想开发这个前景广阔的市场，需要一段时间较长的市场培育期。培育这个空白市场，在很大程度上依赖平台顾问的大力推动。

从实际效果来看，平台顾问充当推销员的角色，帮助并推动不同企业实现资源共享。

（三）平衡各方利益

在资源共享的过程中，各参与方不可避免地会出现一些利益冲突。平台顾问必须出面协调和平衡各方的利益，这一职责是平台无法代替的。

这一职责要求平台顾问有非常高的素养，其需要有良好的沟通能力，尽量做到公平公正，即使碰到蛮不讲理的企业也不能让步，不能以牺牲他人利益为代价而选择息事宁人。

二、要求

在企业级共享的过程中，平台顾问要承担以上三种职责，扮演不同的角色，这就对其提出了较高的要求，平台顾问需要具备多方面的能力。具体如下：

（一）分析和判断能力

平台顾问要为企业提供咨询服务，必须具备分析和判断能力，这是所有从事咨询工作的人必须具备的基本能力。

在推动不同企业进行资源共享的过程中，平台顾问还要分析共享双方的资源是否被合理利用，利益是否均衡，采用哪种资源共享模式最有效等。在处理利益冲突时，平台顾问需要分析产生冲突的原因，对症下药，解决问题。

（二）丰富的想象力

前文说过，企业资源的种类繁多，不同资源可以用不同的方式实现共享，灵活组合。当平台顾问从企业那里发现闲置资源时，应认真思考这些资源能用来做什么，可以换取哪些资源，这些工作要求平台顾问具有丰富的想象力。

关于想象力，一些心理学家已经给了我们许多启示。

➤ 创造一个清晰的念头或图像。例如，平台顾问一旦发现制衣厂有很多厂房都空着，很多机器停止运转，很多工人都在休息，那么就该问自己：这些资源能用来共享吗？共享之后，能换来哪些紧缺的资源？

➤ 集中精力去想象。发现和利用闲置资源是平台顾问的工作，也是一种乐趣。当平台顾问看到各种不同类型的闲置资源时，应在第一时间思考这些资源还有哪些用途。如许多小卖部都张贴了为其他企业做宣传的广告，当我们看到类似情况时，一眼就判断出这属于资源共享，其他企业利用了小卖部的市场渠道进行宣传。

➤ 想象力转变为创造力。当平台顾问积累了足够多的经验后，就能赋予闲置资源特殊作用。这时，就需要将想象力转变为创造力，即跳出闲置资源能用来做什么的思维框架，转而思考如何才能将它从想象变为现实。

（三）强大的人际关系能力

在企业级共享平台中，以前那种小范围的资源共享所依赖的人际关系被货币替代了，但人与人之间的纽带并未被切断。无论在资源共享的哪个阶段，平台顾问都需要积极地与各参与方加强联系，这就需要其具有相当强的人际关系能力。人际关系能力，不仅包括影响他人的能力，还包括认真倾听、为对方着想等综合性能力，这种能力至少在 4 个方面起作用。

➤ 一些企业管理者担心资源共享会造成资源的流失，需要平台顾问利用说服能力，打消参与者的顾虑。

➤ 部分企业不了解资源共享的价值，需要平台顾问利用语言表达能力和分析能力进行说明。

➤ 当企业犹豫不决时，需要平台顾问利用沟通能力，让其早下决心。

➤ 当共享项目在执行过程中发生问题或产生利益冲突时，需要平台顾问具有协调能力。

三、项目失败分析

尽管各参与方都希望每一个资源共享项目都获得成功，达到预期目标，但失败总是不可避免的。当一个项目失败了，我们就要进行认真分析并找出具体原因。

共享项目失败的原因可能发生在任何环节，需要逐步进行分析。分析工作由平台顾问来完成更为客观可信，以免企业参与方互相推诿，导致结论失真。

➤ 资源分析不确切。资源供给方没有对共享资源进行合理判断，或者错判资源的闲置状态。当需要资源共享时，出现资源被占用的情况，企业不得不退出共享项目。

➤ 需求分析不真实。资源需求方没有明确自己的需求，或者没有充分了解自己的真实需求，只看到短期利益或期待过高。

➤ 合作伙伴不可靠。尽管有政府层面构建的社会信用体系、企业级共享平台建立的信任机制和出现诚信危机后的处理机制这三道关口，以防不道德事件的发生，但仍然无法完全杜绝企业的道德危机。

➤ 沟通机制不顺畅。参与各方沟通不顺畅，信息没有被及时分享，可能导致共享项目失败。

➤ 收益估算太乐观。一些企业将资源共享的收益估算过高，当项目结束时，觉得实际收益离预期相差太大，也会判定为项目失败。

➤ 风险评估不周全。在共享项目的风险评估阶段，参与方没有全面评估各种风险，可能导致项目失败。

➤ 权利责任不清晰。在项目合同中参与各方的权利和责任界定不够清晰，给人以可乘之机。

➤ 执行过程不严格。共享项目在实施过程中缺少足够的管理，企业没有严格执行必要的监督，或者管理混乱，都会导致项目失败。

➤ 风险管理不到位。对各种风险的预判和管理不到位，中途出现风险问题或发生资源被损坏等事故，导致最终失败。

➤ 其他。项目失败还可能是因为其他原因，如天灾人祸等不可抗因素。

四、案例解析：礼品厂的烦恼，共享工厂能解决吗？

（一）案例

2016 年底，咨询师李强拜访一家做圣诞礼品的工厂。工厂位于广东省惠州市，工厂有一栋占地 1000 平方米的两层生产厂房，一栋 800 平方米的单层仓库，外加一栋两层的办公楼和一栋三层的员工宿舍楼。餐厅位于宿舍楼一楼。从春节过后到国庆节前后是生产旺季，该厂有 150 名正式员工，为了弥补人员的不足，该厂会在 6—8 月的生产高峰期招聘约 50 名临时工。

李强拜访该厂时，正值淡季，他发现全厂只有 20 多人。两个样品开发人员在慢条斯理地开发样品，办公室人员无精打采。整个车间没有一个生产员工，仓库也上了锁。

工厂经理韩先生表示，由于圣诞类产品的淡旺季太明显，工厂每年有 4 个月左右的淡季，此时几乎没有也不需要普通操作员工。到了旺季，需要近 200 名员工，而且每天都得加班加点才能按时完成生产任务。每年 10 月中旬完成最后一批订单后，一年的工作基本结束了，有的员工回老家，有的去其他工厂继续干活，到了第二年忙碌时，工厂再把员工找回来开工。

韩经理最头痛的就是员工十分不稳定，超过 1/3 的员工第二年不会再回来。原因是多方面的，多数是因为员工到了另一家企业上班，已经适应了，即使他出更高的工资，员工也不愿回来。因此，厂里的行政人员不得不在春节前就开始招聘，每名有技术的老员工在二月底回到工厂都能获得 1000 元的奖金。

在淡季，工厂将所有的设备搬到车间的一个角落，用布盖住以免弄脏，整个厂房看起来空荡荡的。车间干净有序，老板和经理的管理很到位。老板是香港人，淡季时都在香港地区洽谈第二年的订单，并没有将闲置 4 个月的厂房、仓库、机器和人员利用起来。

李强问韩先生是否愿意将闲置的人力、物力利用起来，被婉拒了。韩先生表示，他感觉很麻烦，一时半会也找不到合适的资源使用方，而且他也不缺钱……

李强了解到，韩先生唯一的顾虑是第二年招工困难，资源是否闲置并不放在心上。李强便从这点入手，表示如果能有效利用闲置资源，就可以给员工多发工资，这样可以增加员工的忠诚度。韩先生表示，要和老板商量后再做决定。

尽管老板还没同意，但李强觉得这项尝试非常具有挑战性，他按照自己的思路着手进行准备。

第一步：先了解礼品厂在淡季时有哪些闲置资源。

从 10 月中旬开始，到第二年 2 月中旬，礼品厂的厂房、设备、仓库、宿舍、餐厅、办公室人员、普通操作员工都属于闲置资源，其中部分资源处于未完全使用状态。

第二步：这些闲置资源能用来做什么？是否与企业的需求相符？

李强发现，厂房既可用于生产也可以当成仓库使用。如果用于生产，可能需要添置设备。如果当成仓库，100 多名工人又派不上用场，员工流失的问题还是解决不了。因此，要想实现资源共享，必须利用闲置的员工资源。

仓库的用途跟厂房一样。

设备的用处不大，所有做圣诞礼品的工厂淡旺季都差不多，除非这些设备能用来生产其他类型的礼品。

宿舍和餐厅都属于配套资源，可以与厂房和仓库一同共享。

那么，能用于共享的资源，主要就是利用 150 名工人在长达 4 个月的时间里从事其他生产工作。

第三步：怎样实现闲置资源的共享？工厂怎样才能从中获得最大收益？

对此，李强列出了两个可行的方案。

方案一：寻找附近的其他企业，为其做临时性和简单的外加工业务，无须添加大型设备；外加工业务以手工为主、以机器为辅，尽量避免技术型或技巧型作业；任务量尽量以 150 人用 3 个月的完成期限为标准，且时间定为 11 月初至次年 1 月底，可以进行多次共享。

方案二：用共享员工的方式让工人到附近工厂去做临时工，但要确保员工不会流失；同时，将闲置的厂房、仓库、宿舍等共享给有临时需要的企业。

显然，第一种方案收益不大。第二种方案过于麻烦，相当于要进行两次共享，但有一定的收益。

第四步：按照上述方案寻找资源使用方。

在线下操作中，这是最困难的一步。个人所拥有的信息是有限的，无法在有限的信息中，快速找到合适的资源需求方。

如果在企业级共享平台上，有大数据辅助，那么实现资源共享的机会势必多得多。

看到这里，也许有人会认为此事比较麻烦，吃力不讨好。老板不在乎资源共享是否能给企业创造价值，主要目的是留住员工，使用闲置厂房和利用闲置员工的成本是相对低廉的。该工厂在不到 8 个月的时间里完成 3000 万元的产值，也就是说，如果利用好剩余的时间、闲置的厂房和员工，能达到 1500 万元产值。当然，如果只是做普通的手工生产，150 人只需要在 4 个月的时间里实现 500 万元以上的产值，即可保证企业不会亏本。

遗憾的是，虽然李强经过努力，但由于没有找到合适的共享企业，导致他设想的共享方案最终没能实现。不过，通过这个案例，大家可以完整地了解企业进行闲置资源共享的大致步骤和流程。

（二）分析

共享工厂的概念已被提出多年，人们对此看法不同，还有人尝试进行各种实践。

有人认为阿里巴巴集团旗下的淘工厂是一个"共享工厂"的企业级共享平台。淘宝商家和设计师只要在网上发布订单数量和需求，借助大数据，系统就会对具有生产能力的工厂进行精准匹配。生产厂家可以利用自己多余的产能，为商家加工生产。

不过，说这种方式是"共享工厂"多少有些牵强。某淘宝商家发布的需求是采购服装，没有明确指出需要利用加工厂的多余产能，也就是说，商家付出的是通过正常途径采购服装的费用，而不是利用闲置资源的较低费用。在这种情况下，淘宝商家有大量的企业可以选择。当然，淘工厂可以通过设定一些规则，给商家匹配有多余产能的加工厂，并且规定价格应该低于正常价格。这样，加工厂就应该告知平台，自己什么时候有多余产能可以利用，并让平台给自己推荐商家，以填补工厂的空档期。

事实上，在淘工厂自己的简介上，并没有"共享工厂"的概念。它所有的操作都是按照供需方式进行的，侧重于"供需"而非"利用闲置资源"。也就是说，淘工厂的"共享工厂"概念，其实是被强加的。

不过，这种方式多少有些"共享工厂"的影子。未来，淘工厂有可能整合大量工厂，根据商家的需求和工厂的产能进行精准匹配，分析同类商家和商品的聚合程度，灵活调节工厂产能。这需要平台深入地参与企业资源配置。要想实现这个目标，仅靠商家和工厂远远不够，必须整合更多资源，如设计师、物流商、媒体等，以及大量提供配套资源的企业。

届时，工厂就能通过平台共享多种资源，如渠道资源、信息资源和部分多余产能等。

商家也不能完全依赖工厂的闲置产能，应将闲置资源当作其正常经营的补充。目前看来，要实现真正的"共享工厂"还有很长一段路要走。

第五章

看平台：打造行业超级
独角兽

本章将重点探讨企业级共享平台及企业之间的资源共享。如果没有专门的共享平台，要想形成规模是很难实现的，效率也很低。我们将从企业和平台顾问这两个角度出发，初步勾勒企业级共享平台的职能、框架及主要模块，绘制一幅未来的发展蓝图。

第一节
企业级共享平台靠什么赚钱

随着互联网的快速发展，多种不同类型的网络平台相继产生，有成功的，也有失败的。在历史的长河中，已经消失的平台难以计数，但创业者的热情依然很高，创业者前赴后继的主要原因是平台背后隐藏着巨大的商业利益。

从表面上看，各种互联网平台的原理很简单，就是把日常生活中的行为虚拟化，再将其放到互联网上，但实际上，很多操作是在线下进行的，因为线上并没有太多以物质形态存在的东西。那么，企业级共享平台到底靠什么赚钱？

一、基本职能

绝大多数互联网平台都有一个基本职能，如百度的基本职能是信息搜索，微信的基本职能是社交，淘宝的基本职能是网络购物等。极少有平台会拥有两个或两个以上的基本职能，尤其是不相干的基本职能。

但所有的互联网平台都会在其基本职能的基础上，增加多种配套职能。这些配套职能能给平台带来更大流量，如百度的各种新闻；能给用户带来诸多便利，如微信的城市服务；能给平台带来更多收益，如美团的周边游。一个平台如果想具有两种基本职能，最好的方式是分成两个平台，如支付宝虽然可以作为淘宝的配套应用，但以单独的平台存在才能更好地发挥作用。

我们介绍这些内容，是为了说明企业级共享平台有且只有一个基本职能：资源共享。在此基本职能之上，可以延伸出一些相关的配套职能。同时，与其他互联网平台不同的是，我们认为，平台顾问是企业级共享平台的重要组成部分，他们能起到重要作用，并且他们的作用都是围绕"资源共享"这个基本职能展开的。尽管所有的互联网平台都有线下人员的支持，但他们的作用大多是辅助性的。

如果将实现资源共享的项目搬至企业级共享平台，那么就可以反推出企业级共享平台需要的功能和模块。

（一）填写企业基本信息和需求信息

所有的企业在实现资源共享之前，都需要填写一些基本信息，否则企业级共享平台无法了解企业情况，更谈不上智能匹配了。此外，企业还要输入共享资源的供给或需求信息，例如，是希望让渡闲置资源获取回报，还是希望利用闲置资源创造价值，或者兼而有之。这两部分信息是平台进行智能匹配的基础。

（二）提供智能匹配

当企业发出资源共享的需求后，平台需要把这些需求以智能的方式匹配给合适的合作伙伴，这是企业级共享平台的基本功能。当企业级共享平台上的共享资源的供给或需求信息太多时，企业很难在大量信息中去寻找合适的合作伙伴。

（三）界面友好

平台界面必须友好，且能给企业和平台顾问提供方便快捷的功能，不应过于复杂，简单高效是最基本的要求。

（四）提供辅助工具

平台可以在参与共享的各方输入资源的数量、单位价值等信息后，提供快速计算共享资源价值的辅助工具，包括预估收益和实际收益。

（五）拟定合同

平台应该在各方协商一致并输入项目的相关信息后，快速拟定一份资源共享合同。如有必要，还可以拟定补充协议。

（六）项目管理和跟踪

平台应为企业和平台顾问提供项目管理和跟踪工具，同时根据变化及时做出调整。

（七）项目总结报告

平台应在共享项目结束后自动生成一份总结报告，将共享资源项目的详细执行情况记录下来。

（八）互评体系

平台应该提供评价指标，并为企业提供用户等级和用户指数等指标。

二、其他职能

企业级共享平台的意义在于，让企业不只局限于以人际关系为纽带的共享范畴，使企业进入大范围、更专业的共享范畴。在企业级共享经济时代，一个专业的共享平台除了要有上面谈到的基本职能，还应有如下职能。

（一）咨询职能

企业级共享平台的咨询职能包括系统提供的机器人咨询及人工顾

问的一对一咨询，还可以延伸至线下咨询。其中，线下咨询可采用收费模式。咨询职能包括如下内容：

➤ 平台提供经典案例，供有需求的企业参考。

➤ 平台顾问对资源共享的相关内容进行解释，提供专业建议。

➤ 特殊共享模式的专业咨询。通过分析企业的闲置资源，选择最佳的共享模式，如为企业在供应商整合、渠道整合和战略联盟中提供专业咨询，并可吸纳一部分专业咨询师加入企业级共享平台。

➤ 优化共享模式。平台利用大数据等新技术，对参与共享的企业数量及资源的种类进行统计、梳理和优化，让整个项目更合理，使整体利益最大化。

➤ 价值估算。如果参与资源共享的企业对共享资源的价值存在疑问，则企业级共享平台可站在第三方角度，公平公正地为企业估算价值。

➤ 法律咨询。为参与资源共享项目的企业提供法律咨询。

（二）风险防范

➤ 降低法律和其他风险。企业级共享平台通过获取信息，可对企业进行信用评估，排除那些被纳入黑名单的企业。

➤ 交易保证。消费者不会在网上找到相关商品后再私底下付款给淘宝商家，人们认为将货款暂存在淘宝上能获得双向保障。企业级共享平台能提供同样的保障。

➤ 法律约束力。基于人际关系的资源共享，如果双方仅有口头协议，很难得到法律保护，而企业级共享平台上所有的资源共享项目都有规范的合同，受法律保护。例如，在共享办公室的案例中，如果叶总临时变卦了，不将办公室借给王明使用，那么王明将承受巨大损失，签订合同能使王明的权益不受侵害。

（三）尽职调查

在企业级共享平台中，尽职调查可以作为一项服务单独存在，但只限于部分资源共享项目，如资本共享。尽职调查是依照特定目的对目标企业进行的有针对性的调查。调查既可以由企业自己进行，也可以委托第三方进行，而目标企业也可以是企业本身，即企业内部调查。尽职调查的目的不同，调查的范围和方式也不同。例如，银行对贷款企业进行的调查属于尽职调查，但调查的范围主要包括企业的资产及财务状况、还款能力等。两家进行战略合作的企业都应相互进行尽职调查，调查对方的实力、技术、行业口碑等。

当尽职调查结束后，应该生成一份尽职调查报告，该报告是根据调查的目的和范围做出调研后，以特定格式形成的书面文件。

（四）企业闲置物品交易

企业剩下的材料或多余的库存，只能通过出售而非出借的方式处理。这是所有闲置资源中唯一不能用于共享或出租的资源，因为其无法被重复使用，但其对于企业来说确实属于闲置资源。通常来说，卖方希望以市场价或稍低于市场价处理库存，而买方则希望以远远低于市场价购买。如果企业级共享平台要想帮助卖方找到需要这些闲置资源的买方，那就要过滤那些赚取差价的商家，这也是企业级共享平台的一项职能。

三、收益

（一）平台的价值

熟人之间的资源共享，如果有中间人，那么这个中间人就起到企业级共享平台的作用。中间人也许能从中获取报酬，也许只不过是给朋友帮忙。

在共享员工的特殊时期，政府部门、行业协会起到了中间人的作用。

它们不能从中获利，帮助企业渡过难关是它们的工作内容之一。它们的价值不能用金钱来衡量，它们担负特殊的责任，如恢复社会和经济秩序、稳定就业等。

企业级共享平台通过连接闲置资源的供给方和需求方，将不同企业之间的各种闲置资源，以利益均衡的方式让参与其中的企业共同分享。这个平台需要发挥更大作用，它的价值会在其发挥的各项作用中体现出来。

（二）平台的收益

对企业级共享平台而言，它的商业模式与现有的互联网上的供需平台和企业服务平台相近，但又有区别。其收益主要有如下几种。

1. 交易佣金

目前，绝大多数供需平台和企业服务平台的主要收益来自交易双方的佣金，按规定比例获得提成。佣金由商家支付，商家再将佣金转移到服务或产品之中。

企业级共享平台可采用同样的收费模式，依据资源共享产生的价值抽取一定比例的佣金。原则上，参与资源共享的双方都创造了价值，都应该支付佣金，但也可以线下商议。只有在企业获得利益时，其才会心甘情愿地付钱给平台。

2. 配套服务获取收益

前文说过，企业级共享平台可以提供配套职能，如专业咨询、尽职调查等。这些服务既可以作为一项服务单独存在，也可以嵌入基本职能中。当它们作为单项服务时，就属于收费项目。

3. 其他业务收益

那种通过人际关系促成的资源共享项目，可能并没有太多收益，但能增加合作机会，这对企业级共享平台同样有效。如果资源共享能给参与各方带来利益，那么企业也会信任并依赖企业级共享平台。这种依赖性可以让平台从其他方面获取利益，如给有特殊需求的企业发布信息。如果闲置资源能帮助企业创造价值，那么非闲置资源的使用则可借此实现。因为很多资源在不同时期，可从非闲置资源变成闲置资源。

四、平台的设计基础

企业级共享经济是企业之间共享闲置资源+互联网平台的经济形态。前者是项目，后者是平台。因此，企业级共享平台的构建基于这样一个理念：通过互联网平台，将有资源共享需求的企业匹配到一起，并用项目管理的方式为参与共享的企业提供便利。这意味着企业级共享平台的一级界面体现了平台匹配的职能，二级界面体现了项目管理的职能。

构建企业级共享平台必须有清晰的框架，首先要确定设计方式，以满足大范围的企业级共享的需求。资源共享共有三种基本模式，我们用前文介绍过的案例来说明每种共享模式如何在企业级共享平台中实现。

（一）单向共享模式的实现

目前，一般的交易平台和企业服务外包平台可以通过两种方式找到合作方。例如，企业在猪八戒网寻找外包服务商有两种方式。第一种是通过搜索寻找合适的服务商，然后主动联系；第二种是企业将自己的需求和报价等信息填写完整后，发出服务外包的需求，企业级共享平台将其推荐给相关服务商，然后一个个服务商接踵而来。企业用第二种方式容易被打扰，因此多数企业采用第一种方式。

在企业级共享平台上，单向共享模式的设计也可以采用两种方式。

第一种是企业填写闲置资源的信息后，设定相关费用，发出共享需求，自己寻找合作伙伴，主动与合作伙伴联系沟通；第二种是企业填写信息后，同意平台将自己推荐给其他企业，筛选和接受其他企业的共享需求。我们不妨用共享员工的案例来说明。甲企业拥有闲置员工，希望临时让渡员工获取回报，乙企业希望有偿使用闲置员工。甲企业在企业级共享平台上填写相关闲置员工的信息后，既可以主动寻找平台匹配的伙伴，也可以请平台将其推荐给有需求的其他企业，乙企业也是如此，双方用货币支付。

在单向共享模式中，每家企业在一个项目里只有一种角色，但允许企业在其他项目中担当不同的角色。例如，这个月有闲置员工的甲企业可能到了下个月就需要利用其他企业的闲置员工了。

单向共享的企业级共享平台操作简单方便，用户能快速掌握。在前文探讨过的案例中，共享环保服务、共享培训、共享资本等都可以采取这种方式。

（二）双向共享模式的实现

双向共享模式是在单向共享模式的基础上，用企业现有的闲置资源来代替货币。单向共享模式的两种方式在双向共享模式下同样适用。

在设计企业级共享平台时，双向共享模式可这样设计：企业填写拥有的闲置资源信息，同时填写希望使用的闲置资源信息，选择双向共享模式，这意味着企业是以自身的闲置资源为交换，而不是以货币方式使用他人的闲置资源。当企业级共享平台抓取到两家有资源互补需求的企业信息时，即可将它们匹配到一起。

我们用共享会议室的案例来解释如何在企业级共享平台中设计双向共享模式。咨询公司首先在平台上输入自己的资源需求，即使用会议室，然后输入自己拥有的闲置资源，即客户资源；金融公司在平台中输入自己的闲置资源，即会议室，然后输入自己希望获得的资源，即客户资源。如果双方进行资源共享的时间、地点等都接近，那么两家公司的资源具有极强的互补性，平台就能将这两家公司匹配在一起。

（三）多方共享模式的实现

多方共享模式较双向共享模式更复杂。多方共享模式有两种方式：一是共享相同的资源，二是共享不同的资源。共享不同的资源，操作起来更为复杂，此处不展开讨论，相关企业可在后续实践中不断累积经验。我们重点讨论多方共享相同资源的模式。

多方参与共享资源的企业，拥有的闲置资源相同，希望获得的闲置资源也相同。如前面提到的多方资源共享案例，以及渠道整合及抱团发展案例，各方拥有和共享的都是相同的资源。因此，平台设计多方资源共享要从这一点入手，直接抓取企业资源的拥有状况和需求状况，尽量将复杂的步骤简化，方便企业操作。另外，在企业的共享模式选择项中，企业可以添加多方共享模式，以便进行精准匹配。

第二节
企业用户界面大有讲究

◖◗

企业级共享平台在确定了三种不同的共享模式后，就要从匹配和项目管理这两个方面分别为两类使用者设计不同的界面，包括企业和平台顾问。我们仍采用层层递进的方式进行分解，将平台需要设计的主要内容和功能一一展示出来。值得注意的是，界面设计大有讲究，不可忽视，不但要求功能全面实用，还要求使用起来方便快捷。

一、企业信息界面

企业级共享平台的所有功能都为"促进并实现企业级共享"这一终极目标服务。"促进"和"实现"是两个动作，前者适用于匹配，后者适用于项目。

企业实现资源共享，平台进行智能匹配，都离不开企业信息。企业信息包含基本信息和资源信息两大类。

（一）基本信息

企业在平台注册时，需填写相关的基本信息。这些基本信息不仅要展示企业的情况，还要方便进行智能匹配，部分资源用于共享时有明显的地域限制或行业限制。用于智能匹配的信息应尽量使用下拉列表或选择项。

（1）名称信息：包括企业的名称、地址、联系人、电话、手机、邮箱、规模等。为确保企业信息的真实性，避免被他人盗用，还应该包括企业营业执照的扫描件。地址中的省份、县市等信息应使用下拉列表，企业规模也可以使用下拉列表。

（2）产品信息：包括企业的产品、服务、所属行业等。其中，行业信息应该使用下拉列表，产品标签应该使用多项选择。

企业所处的行业不同，提供的产品和服务不同，拥有的各种资源也不同。通过设置行业和产品的关键词，平台在进行智能匹配时可以自动进行优化。

企业可以在行业标签中设计二级行业标签，一级行业标签如制造业、互联网/IT 业、房地产/装修、教育与培训等，二级行业标签如服装、鞋帽、计算机、咨询等。

标签也可以继续分级，不过最好不超过两级。如第一级是女装，第二级是休闲少女装等。为了确保企业顺利入驻平台，不需要填写过多内容，只需填写企业名称、联系人、邮箱和电话等，其他信息可在以后补充。但简化注册信息有一个风险，他人可能从其他途径获取企业的基本信息，并在平台上进行恶意注册。这就需要平台或顾问通过短信、电话、邮件等方式进行确认，确保企业的注册信息真实有效。同时，对于恶意填写企业信息的用户，要对其进行严厉打击，并在后台及时删除信息。

（二）资源信息

资源信息可以不用在首次注册时填写，但在首次进行共享时需要填写完整。

企业在资源共享中扮演两种角色，需要分别就这两种角色填写不同信息，包括"我拥有什么资源"和"我需要什么资源"。

1. 选择资源种类

企业资源种类可设置7个大类,即空间资源、物品资源、人力资源、资本资源、供应资源(含服务资源)、市场资源和知识资源。每种资源都包括几个子类,并且可以由用户填写关键字,如激光切割机等设备名称、企业管理培训等服务名称。

资源选择可设置为多选项。无论资源供给方还是资源需求方,选择资源种类的内容都一样。

例如,在单向共享中,企业先选择"我需要资源",然后选择"资本资源",再根据自己的需求从"短期借款""中期借款""短期担保""中期担保"等子类中选择一个或多个。

如果是双向共享,则需要同时填写拥有的资源和需要的资源。例如,在共享会议室案例中,咨询公司先选择"我需要资源",然后选择"空间资源""会议室资源"。接着,咨询公司还可以选择"我拥有资源",然后选择"市场资源""客户资源"。这样的选择意味着咨询公司用客户资源交换会议室资源。

例如,在共享厂车的案例中,企业可以分别在"我拥有资源"和"我需要资源"中填写厂车和司机。当拥有的资源和需要的资源相同时,意味着企业接受多方参与的资源共享项目。

2. 选择共享资源的条件

对资源供给方来说,选择包括资源的可利用时间、地点、数量,希望获得的价值或等价资源。对资源需求方来说,选择包括需要使用资源的时间、地点、数量,愿意付出的代价或可供交换的资源。

在一般情况下,资源的可利用时间应尽可能设置得长一些,有助于匹配。同时,"可利用时间"还可以分为"重复使用"和"多次使用"。

"重复使用"和"多次使用"的意义在于，企业可以将资源同时共享给不同企业，或者在一次资源共享完成后可以立即进行下一次共享。例如，品牌授权可以重复使用，会议室可以多次使用。

企业可就资源的使用方式和资源特点选择共享地点，例如，共享设备资源局限在企业内，共享厂车局限在镇区里，共享会议室局限在同一个城市里，共享知识资源不受地域限制等。

价值即企业期望获得的收益，企业可以用平台提供的计算工具快速算出资源的价值。

3. 选择共享模式

由于存在三种不同的共享模式，因此在填写共享资源的过程中需要增加一个选择项：共享模式。它包括三个选项：单向共享、双向共享和多方共享。

这是个多项选择，企业级共享平台需要分别为三种共享模式设计三个不同的模块。

4. 保存信息

填写信息后，企业选择保存信息。这时，企业可选择是否供其他企业查看或是否授权给平台。如果选择"是"，平台将自动获取该信息，进行智能匹配。

5. 修改信息

企业可以根据资源变动的情况随时进行修改，也可以随时关闭供其他企业查看的功能。

二、项目计划阶段的界面

对企业来说，信息部分的内容应放在显眼的位置，便于企业随时查看和修改。企业保存信息并同意共享后，便正式开启闲置资源共享。

（一）潜在伙伴列表

企业会及时收到平台推荐的合作伙伴的信息，同时被平台推荐给其他企业。此时，企业可以主动联系其他企业，也可以被动等待。企业所看到的共享准备过程界面中有平台推荐的潜在伙伴列表。

该列表是平台根据企业的基本信息和资源信息为企业推荐的有机会与其进行资源共享的企业。平台采用智能匹配的方式进行推送，每次推送不超过 20 条，或者只列出匹配度超过 70% 的企业。

企业可以对感兴趣的伙伴发出共享邀请，但并非开始共享，只是寻找共享资源的可能性。同时，企业还可能收到来自其他企业发出的共享邀请。

（二）确定共享方案的信息

在企业接受共享邀请后，相关各方开始接洽，商讨资源共享的具体内容和共享方案。企业可选择自行协商，或者邀请平台顾问帮忙。各方可在商讨过程中进一步明确自己的真实需求。

各方经过沟通后，如果决定开展共享项目，则需要明确共享信息。此处的共享信息与前文所述的共享资源信息不同。例如，在共享资源信息里，企业填写的是有什么资源可供共享或需要什么资源，而此处填写的是真正用于共享的资源及相关条件。前者为平台匹配之用，后者为共享合作之用。

这部分共享资源的信息可由平台顾问填写，但所有内容都应在平台的在线沟通工具上留有证据。平台顾问不能将企业的口头约定当作真实需求填写。当平台顾问填写完毕后，由企业点击确认，方可生效，并进行下一步操作。

（三）填写其他信息

在商议完共享项目的方案后，由平台顾问继续填写其他信息，包括预估的收益，可能存在的风险和各方的权利及义务。这些信息都必须在签订项目合同之前发送给各参与方，重要的内容需要口头告知。填写完毕后，仍由平台顾问发送给企业点击确认。

（四）签订项目合同

在各方确认过两次信息后，平台顾问可依据上述信息，拟定一份在线合同。合同的内容应包括企业的基本信息、共享模式、资源种类和数量、项目的共享时限和地点等。其中绝大部分内容依据上一步填写的共享信息和一些特定规则自动生成，还可以留一个文本框让企业填写更多内容。

项目合同可以在线签订，但需要保留带有签名的纸质版本。同时，如果有必要，也可以线下签订合同。

（五）其他

若企业已和其他企业进行共享，暂时不想进行更多的资源共享，平台可以增加一个选项，即是否同意再跟其他企业进行共享。若选择"否"，意味着企业的信息对其他企业关闭，平台不再推荐该企业，直到企业重新开放推荐权限。

此外，还有一些配套功能，都是为实现资源共享服务的，如在线沟通、店铺装修、更多企业介绍等。

三、项目实施阶段的界面

在项目开始后，各方合作的具体内容都是在线下完成的，线上只保留项目管理工具和沟通工具。此时的界面就像一个简单的项目管理软件，包括项目执行、变动管理和风险管理，但这三部分内容无须区分，可集成在一起。

（一）管理所有流程

签订共享资源的项目合同后，各方开始进行资源共享。为确保各方根据商议的方案顺利实施，平台应为企业提供项目管理的工具。这个工具主要起提示和引导作用。此处可以设置一个单选项，企业可以选择是否需要平台提供的项目管理工具。若企业选择否，平台将不再显示任何管理流程。

若企业选择需要平台提供的项目管理工具，则平台依次在企业用户界面中展示资源共享项目管理的步骤，在每一步后面提供一个勾选项，并可以提供填写栏供企业填写。如有问题发生，企业将问题告知合作伙伴和平台顾问。这些步骤如下：

➤ 企业指定专人负责共享资源，确保资源安全。

➤ 企业为相关人员提供培训，确保资源被正常使用。

➤ 重要事项及时报告。

➤ 定期回顾。

（二）动态修改信息

此处的"修改信息"跟前面谈到的"修改信息"不同，是指共享项目开始后的信息修改。如乘客乘坐滴滴网约车出行，可以在半路上修改目的地，美团网也可以让用户修改订单地址。资源共享项目也一样，可以在项目进行的过程中让用户修改共享信息。可修改的信息包括如下内容：

➤ 增加或减少共享资源的种类。

➤ 延长或缩短项目的时间。

➤ 更改项目开展的地址。

➤ 更改资源数量。

➤ 提前结束或取消共享项目。

若选择取消项目，平台顾问要主动了解具体情况，最后在协调无果的情况下确认取消，项目宣告结束。在非正常状态下结束共享，最后交由平台确认，这一点很重要，避免因资源共享没有完成而给各方造成损失。

非提前结束或取消的共享项目，修改相关的信息需经过参与各方同意。具体修改内容也可交由平台顾问完成，而后生成新的共享合同，分别发送给各方进行确认。

一个成熟的企业级共享平台会给用户提供越来越多的实用功能，如搜索、导航等。

四、项目完成阶段的界面

无论共享项目是否正常结束，只要企业点击"结束共享"按钮，就会进入项目完成阶段的界面。对企业来说，这部分内容主要包括计算实际收益、双向评价、收付款（如有）、项目总结报告及后续其他问题。

企业点击"结束共享"按钮并不意味着整个项目结束了，还需要等待平台顾问点击确认，才宣告整个项目完成。此时，各方可就相关费用进行结算。如果是长期项目，还可分阶段支付服务费用。

项目总结报告是由平台顾问生成的，具体内容我们在下一节讨论。企业可通过回顾本次项目的总结报告，积极推进下一次共享，还可以思考如何创造更大的价值。

为了避免后续问题，在结束共享前，各方应该检查自己的资源。同时，平台顾问会留一定的时间让企业进行检查。只有各方都点击"结束共享"按钮，平台顾问才会进行最终确认。

假如一方迟迟不肯结束共享，那么就需要各方进行协商，且每个项目都有一定的时限，到了时限后项目自动结束。

五、两个重要问题

任何软件、应用程序、互联网平台都可能存在漏洞，尤其是在规划和设计初期。前文所述内容基本包含企业用户界面的主要内容，有两个重要的问题值得高度重视。

（一）该填写拥有多少闲置资源

企业可能有很多闲置资源可以共享，也可能需要很多闲置资源。如果企业填写的资源信息过多，并且将资源使用的时限放得很长，将给智能匹配带来麻烦。

这个问题有两个解决方法。第一个方法是由平台顾问提供帮助，让企业了解资源共享的意义，让企业明白填写的资源信息应符合自身的实际情况，也就是明确具体的需求。第二个方法是先不管这个漏洞，运营一段时间后再寻找相应的解决方法。

（二）如何避免成为供需平台

企业级共享平台可能会被一些人当作供需平台，如将闲置成品当作正常商品交易，或者将非闲置资源放到资源信息里。

企业级共享平台不是供需平台。无论企业让渡闲置资源还是利用闲置资源，都是企业间正常合作的一种有益补充，不是起替代作用的。

当然，在进行真正的企业级共享平台设计时，肯定会出现一些问题，但不能因噎废食。这是因为任何商业模式的创新都是人们试错试出来的，不是规划出来的。令人激动的是，很多人通过不断试错，最终探索出来新的商业模式。

第三节
平台顾问用户界面目的设计

●○

平台顾问用户界面必须围绕"促成企业之间实现资源共享"这一目的而设计。平台顾问的三项主要职能为提供专业咨询、推动资源共享和协调各方利益。因此，在企业级共享平台上，平台顾问用户界面应该包含这三项职能。此外，界面还应该为平台顾问提供诸多便利，使其能同时跟进多个项目。

一、首页内容框架

平台顾问通过特殊的登录方式进入企业级共享平台后，首先看到的应该是其负责管理的资源共享项目，有点像其他网站的后台管理界面。

平台顾问用户界面的设计有一个关键点：其管理的项目内容必须和企业的项目内容同步。

（一）项目来源

假设企业级共享平台上有千万家企业，数千位平台顾问分布在不同区域，每个平台顾问需要管理一系列的资源共享项目。那么，项目主要来自三个方面。

1. 平台推荐的项目

当企业发出共享需求时，平台会将该项目推送给指定的平台顾问，由其负责跟进该项目。

平台的推荐是智能化的，根据项目发生的地区、项目的难度、现有项目的数量等进行合理分配。

2. 自我发掘的项目

若没有企业发出共享需求，或者现有项目远远不足，平台顾问可以根据平台上的企业资源供需信息主动进行匹配。平台根据匹配需求自动筛选有机会实现资源共享的企业，列出多个潜在共享项目。平台的推送虽然经过人工智能的计算，但并非绝对正确的，需要平台顾问根据经验判断。如果平台顾问认为可行，便可向相关企业发出共享需求。当然，为了增加共享资源项目实现的机会，平台顾问可以提前与相关企业沟通，得到各方同意后再发出共享需求。

3. 他人移交的项目

有些项目可能因某种原因需要移交给他人来跟进，平台顾问也可以选择将现有的项目移交给他人。项目移交并非经常发生的，因此，为了操作方便，项目移交必须得到相应的上级主管批准。

主管有权查看所有自己管辖的项目情况，必要时可以全部接管。此外，平台的后台也会保留所有项目。

（二）项目列表

无论平台顾问的项目来自何处，项目都可以依据进展情况分为三类。

1. 尚未开始的项目

尚未开始的项目对应企业在项目计划阶段的界面，即从发出共享需求开始到签订意向合同的这段过程。当然，不同的平台顾问对应不同的企业和不同的项目，因此，企业用户界面和平台顾问用户界面只有在同一个项目下才是对应的。

2. 正在开展的项目

各方签订资源共享的意向合同后，即进入项目开展的阶段，即便项目在一个月之后才开始也是如此。这么做是为了确定合适的时间点。不过，对于企业级共享平台而言，只有在企业交接完所有事情后，才算完成，因此，正在开展的项目时间点对应企业的实施阶段和完成阶段。

为了避免平台顾问用户界面与企业用户界面不一致，可以将界面分成两个部分，分别为企业项目实施阶段和企业项目完成阶段。

3. 已经结束的项目

对平台顾问来说，已经结束的项目意味着所有的交接工作已完成，相应费用全部支付完毕，且各方评价均已完成。如果已经结束的项目数量过多，可以按共享模式或资源种类进行分类。

项目列表显示的企业信息对应企业填写的基本信息和资源信息，同时，企业对任何信息做修改都会在已经结束的项目界面中同步修改。

企业可能同时与几个不同的伙伴实现共享，可能有好几个不同的平台顾问跟进不同的项目。此处有一点需要注意：平台顾问对接的不是企业，而是项目。给每一个项目设定一个唯一的编号是必要的，它是连接企业和平台顾问的纽带。

二、项目计划阶段的界面

项目计划阶段的界面是在平台顾问点击某个尚未开始的项目后显示的界面。平台顾问的职责是促成项目的完成。这并不是说平台顾问要像推销员一样向各企业推销，而是要提供专业咨询服务，帮助各方提供共享的建议，协调各方利益等。

（一）企业资源信息

资源信息有三种。第一种是企业输入的基本信息和资源信息，应该在项目启动之前完成，而后由系统进行匹配；第二种是计划开展共享项目的资源信息；第三种是项目开始后可能发生的共享资源信息的变动情况。三种信息分处于三个不同阶段。

对第一种信息来说，平台顾问可以检查企业填写的内容是否正确，价值计算是否合理，但没有修改信息的权限。平台顾问可以说服客户提高或降低意向成交价格，但绝对无权擅自修改客户的价格。同理，平台顾问若发现不合理之处，可以通过在线交谈或其他沟通方式让企业修改信息，但无权替企业修改信息。

对于第二种信息，平台顾问可以根据沟通的内容，把需要共享的资源情况输入到系统里，然后交由企业确认，对于项目开展后的变动管理也是如此。

（二）项目促成工具

项目促成工具是平台顾问的专用工具，旨在促成各方实现资源共享。该工具结合人工智能、大数据等技术，能帮助平台顾问分析共享模式、资源的状态、价值体现、意向合同等。如果是资本共享或深度资源共享，还需要增加"尽职调查"的选项，确保项目在洽谈阶段不会有缺失。

如果企业迟迟没有确定共享项目，项目促成工具能帮助平台顾问迅速找到原因，并给出解决方案。

（三）辅助工具

一位平台顾问可能要同时管理几十个甚至上百个项目，有的项目简单，有的项目复杂。那么，在促成项目完成的时候，平台应尽量提供方便快捷的工具，以提高平台顾问的工作效率。

如在计算资源价值的时候，平台能够提供资源的参考价值，以便快速找到被共享的资源在正常使用状态下的价值，这样可以为平台顾问收集资料节省大量时间。

所有必要的辅助工具都可以在平台开发过程中及之后的运营过程中根据需要被开发出来。

三、项目跟踪界面

项目跟踪界面是平台顾问在点击某个正在进行的项目后显示的界面，该界面主要帮助平台顾问跟踪项目开展的情况，协调资源共享各方的利益等。

企业级共享平台为企业提供了一个项目管理工具，同样也要为平台顾问提供项目跟踪工具，涵盖项目跟踪时需要注意的所有内容。该工具同时用于直接生成项目总结报告。

该工具提供三个备选项，包括"是""否""不适用"，且每一个问题下方都可以添加备注。需要注意的是，平台顾问在填写时应考虑各参与方，只有在各方需求都被满足的情况下才选择"是"。结合前文关于项目跟踪的内容，在此列出一些有参考性的问题。每一个问题都应该进行细化，不能出现答案可能为"是"也可能为"否"的问题。

➤ 项目各方是否指定负责人？

➤ 项目负责人是否负责保障资源的安全？

➤ 资源使用人是否接受培训？

➤ 项目是否有变化？

如果企业更改项目，如增加或减少资源，更改时间，平台应发出提示信息告知平台顾问。

➤ 项目是否按方案进行？

如果平台顾问发现项目偏离既定方案，此处选择"否"，并继续回答以下问题：偏离的原因是什么？是否已采取纠正措施？各方是否认可该措施并按既定方案继续合作？

➤ 项目是否如期实现？

➤ 各方是否愿意继续合作？

这些问题并不需要一次性回答完毕，可以根据项目进展的实际情况分阶段填写。

平台顾问有权根据企业的变动需求修改项目内容，但这应该由企业发出需求后才能修改，而不是随心所欲地修改。换句话说，企业发出变动需求后，委托平台顾问进行修改，所有修改的信息应根据在线沟通的内容来完成，并发送给企业进行确认。平台顾问必须确保所有的记录都有迹可循，避免因信息缺失造成平台或各参与方的损失。

此外，平台还可以提供一些辅助工具，以便平台顾问对项目开展情况进行跟踪。例如，对于长期合作，平台可提供"定期反馈"的工具，将跟踪的情况定期反馈给各方，或者提示企业进行定期回顾。

四、项目总结报告

每一个共享项目完成后，都自动备案，依托人工智能技术，生成一份项目总结报告。项目总结报告放在"已经结束的项目"列表里。

（一）项目总结报告的作用

➤ 平台顾问的工作记录。一份项目总结报告的生成意味着资源共享项目的完成，是平台顾问的工作日志，也是他的工作成绩。

➤ 给企业提供参考。项目总结报告为企业后续开展更多资源共享项目提供了参考，企业可以根据此报告了解整个项目的情况，哪些方面做得好，哪些方面有待改进，怎样才能创造更大的价值等。

➤ 用于内部学习。项目总结报告不仅可以给负责项目的平台顾问提供宝贵的经验，还可用于平台内部人员的学习交流。

➤ 外部展示。很多网站都有案例展示，平台搜集一些经典案例供用户参考，既可以激发他们积极参与资源共享的兴趣，也可以让他们了解资源共享的具体流程，减轻平台顾问的工作量。

➤ 失败项目的教训。平台顾问不要惧怕失败，可以从失败中吸取教训。

此外，每一份报告都应存储在平台中，平台顾问可以通过搜索关键字找到相关报告。

（二）知识管理工具

平台顾问完成的项目会日益增多，最好为其提供一个简单实用的知识管理工具。

➤ 报告标题。一个好的报告标题可以让平台顾问迅速检索到以往项目，包括共享模式、共享资源和日期。

➤ 报告分类。对报告进行分类能使平台顾问有效管理每一个已完成的项目。首先按共享模式进行一级分类，再按共享开始日期（即签订意向合同的日期）进行二级分类。

（三）人工智能自动生成报告

知识管理工具只能提供检索功能，无法体现报告的参考价值。要想让报告具有参考价值，需要在报告生成的同时引入人工智能。

前面我们多次提到人工智能在企业级共享平台中的作用，下一节我们将着重介绍人工智能如何根据资源共享的规则进行匹配，并介绍其他几个需要加入人工智能的模块。此处，我们先介绍人工智能的简单应用。

如果平台顾问在项目准备过程中和项目跟踪过程中将所有必要的信息都记录完整，那么自动生成项目总结报告会非常简单，只需按照固定的格式即可生成，几乎不需要人工智能的参与。

　　但此处有 3 个问题，即如何才能为企业提供有价值的参考信息？如何才能为内部员工提供有价值的参考信息？如何才能为内部员工提供失败的教训？

　　企业级共享平台可以设定一些规则，自动获取每一个项目的成功与失败之处。

　　一个简单的办法是将每一份报告分为左右两栏。左栏记录整个项目情况，右栏自动抓取左栏中的关键信息，如出现纠纷、偏离方案、没有达到预定目标或预期收益等。出现问题并不总是代表项目失败，只要及时进行修正，反而可作为经验供他人借鉴。当然，成功的项目也有很多值得借鉴的地方，同样可以列在报告的右栏中。

第四节
人工智能在平台上扮演什么角色

Web 1.0 的关键词为信息；Web 2.0 的关键词为交互；那么，Web 3.0 的关键词是什么？现在还没有一个被大多数人接受的说法。有人说是联合，有人说是共享，有人说是智能，有人说是万物互联。我们更倾向于第三种说法：智能。

这一节要介绍的，是整个企业级共享平台中最重要的内容。当然，我们主要探讨企业级共享平台需要什么样的人工智能，而不讨论如何从技术上实现。

一、人工智能的应用分级

随着人工智能技术的发展，越来越多的软件和互联网平台都在原有的功能上使用了人工智能，其强大的功能会带给用户不一样的体验。现有的人工智能大致可以分为三个等级。

（一）低级智能

现有的互联网平台，大多在推送功能中使用人工智能。但有时平台没有利用好这一功能，常常让用户感到不舒服。

例如，消费者已经购买了一台按摩椅，平台还多次向该消费者推送按摩椅商家或商品，而不是根据消费者偏好推送其他商品。平台没有根据消费者习惯进行综合分析，没有利用大数据去了解消费者购买了按摩椅之后还可能购买什么商品，这属于低级智能。

（二）中级智能

中级智能能够按用户需求和习惯做出相应反应。目前，大多数互联网平台和移动应用的人工智能都能做到这一点。这是一个平台对人工智能最基本的要求。若达不到这个要求，人工智能就会成为累赘，甚至影响用户体验。

倘若平台能根据消费者习惯，分析出购买了按摩椅的消费者可能还会购买哪些商品，从而有针对性地推送，就属于中级智能。

滴滴顺风车的匹配功能可以说是智能程度相对较高的。它可以根据乘车人的位置、目的地和乘车时间，为其匹配合适的顺风车车主。

目前，百度平台对百家号作者进行五个维度的指数评分也是一种中级智能，通过设定一些规则，百家号指数能对作者的创作水平给出一个相对公平和公正的评价。

（三）高级智能

高级智能是对中级智能的进一步深化和加强，这是未来人工智能的研究方向。高级智能超出了用户的需求，能带给用户不一样的惊喜。目前，微软公司开发的几款游戏最接近高级智能的标准。玩家做出一些动作，在游戏场景里就产生同样的动作，让人有一种身临其境的感觉。

我国开发的无人机也越来越接近高级智能。

对于企业级共享平台来说，人工智能的级别至少要达到中级智能，避免低级智能，并且将高级智能作为发展方向。

二、智能匹配

在企业级共享平台中，智能匹配是最重要的功能。它有助于用户从大量的企业信息和资源信息中迅速找到合适的伙伴，实现中级智能。

（一）匹配依据

滴滴出行在进行匹配的时候，会根据司机和乘客的所处位置，进行最优选择。而滴滴顺风车在匹配时，还要把司机和乘客的出发时间和目的地作为匹配依据。企业级共享平台也要根据一定的规则和条件进行匹配。

1. 特定时间

第一个匹配依据是共享资源的时间。若时间不吻合，意味着各方无法进行合作。如果共享的资源是单次使用的，则匹配相对容易。但如果是长期使用，则需要以最长时限进行匹配。

2. 资源的位置

资源的位置无法变更，但范围有大有小。可以在省内共享的资源一定可以在一个市内共享，但只能在企业内共享的资源无法延伸到整个工业区。

3. 资源的种类

参与资源共享的各方对于自己的资源拥有情况和资源需求情况都比较了解，但不太了解是该有偿使用资源，还是进行资源交换。因此，企业应尽可能填写自身可用于共享的资源种类，以便在匹配中有更多选择。例如，资源供给方能够提供的资源是设备，希望获得的资源可以是货币、市场、资本、技术或场地等。资源需求方需要的资源是空间，可以提供的资源是客户或信息资源等。

特定时间、资源的位置和资源的种类都是无法变更的先决条件，在首次匹配时应该一起进行筛选。

4. 资源的数量

在上面 3 个条件确定后，企业级共享平台要根据资源的数量进行第二次匹配。与上述 3 个条件不同的是，资源的数量属于变量，允许存在一定的误差。

5. 资源的价值

价值也属于变量，匹配的重要性在数量之后，也可同时进行。各方都希望获得更大价值，输入的期望收益会相对较高，因此，在匹配的时候可以有较大差异，然后各方再进行协商。

（二）原则设定

智能匹配除了依据上述五项资源的信息，还要参照第四章第一节列出的四条原则。这四条原则是嵌入资源信息的智能匹配中的，而不是单独根据原则重新匹配或再次匹配。企业级共享平台如果能有效利用这四条原则，将大大增强匹配的智能效果。

➤ 可行性原则。闲置资源可利用的时间、位置、数量等都是可行性原则发生作用的条件。此外，还可以根据大数据设定更多的可行性原则，如不以配套资源换取核心资源，以及排除一些风险较大的资源共享项目。

➤ 利益均衡原则。利益均衡原则发生作用的条件是资源的价值，如企业设定的期望收益明显偏高，则难以匹配到合适的伙伴，或者匹配度较低，企业不一定能被平台推荐。

➤ 互补性原则。各方资源的互补性强弱可以用匹配程度来表示，匹配程度越强，越能弥补合作伙伴在资源上的缺陷。

➤ 最优配置原则。该原则主要针对资源的种类、数量和价值，有一定的难度，平台只能提供基础的配置，最后的配置还需要各方协商后再重新输入企业级共享平台中。如果未来能够充分利用这一原则进行匹配，则该智能程度就接近或达到高级智能了。

（三）共享模式的选择

共享模式是匹配的附加条件，会给智能匹配造成一定的困难。如果企业级共享平台中只有单向共享模式，那么整个平台操作起来会很简单。但加入双向共享模式和多方共享模式后，平台需要设定更多模块，为企业提供更多选择。

对于三种基本的共享模式，我们可以用两种方式来解决。第一种方式是由用户选择不同的共享模式，这是个多项选择，意味着用户同时接受三种共享模式，然后平台根据不同的模式匹配不同的合作伙伴；第二种方式是用户只能在一次资源信息中选择一种共享模式，但可以叠加，这样用户操作起来会比较困难。多项选择比多个单向选择更复杂，这需要在平台的设计和测试中选择更好的方式。

双向共享模式不难实现。现在，我们来重点看看多方共享模式的模块如何设计。

多方共享模式的关系链比较多，有时，一两百家企业同时参与某个项目，因此无法给多方共享模式设置一个上限，但可以由企业设置上限，如不超过 5 家、不超过 200 家等。此时，企业级共享平台可以采用标的方式，让有兴趣的企业主动加入，这样能解决关系链的问题。例如，甲公司发出共享知识的需求，计划跟一些具有互补性的同行共同举办座谈会或行业研讨会。此时，它共享的资源是知识资源，可能包括客户资源。它发出多方共享的需求，平台既可以根据其他企业的闲置资源情况进行匹配，又可以以标的物的方式，推送给其他具有互补性知识资源的企业。如果其他企业感兴趣，可以先进行在线沟通。当甲公司找到足够多的伙伴时，就可以在平台顾问的帮助下共同商议细节。

（四）匹配度

滴滴出行的顺风车按出发地、目的地等设定司机、乘客双方的匹配程度。企业级共享平台也可以根据上述多个指标，按不同权重设置相应的匹配程度。

智能匹配在平台运营初期可能会有一些问题，企业不一定能匹配到合适的伙伴，或者不一定能给出较好的共享方案。此时，就需要平台顾问发挥作用，优化资源的配置。

三、其他智能应用

除了智能匹配，前文还提到不少智能应用，我们进行简单汇总，并对每一种需要人工智能的功能做出简要说明。

（一）企业指数

企业级共享平台可参考百度百家号对创作者的评价方式，为每个企业建立一个指数，我们暂且称作企业指数。它反映了每个企业在企业级共享平台上的信用、实力、参与程度等，其中，信用分可以单独拿出来。

➤ 建立用户等级体系，对应不同程度的用户贡献值。用户达到一定的分数就可以升级，这类似于很多自媒体平台对作者的初级、中级、高级等等级划分。

➤ 建立用户信用积分体系，设定严格的积分扣除制度。大数据可以帮助平台鉴别企业有无违法行为等。

➤ 指数分。关于指数分，我们尽量多罗列一些，以便在平台设置时从中选择最有价值的项目。

◎ 实力：将企业的实力作为指数之一，看上去可能会让人觉得有些不公平，但我们是为了让企业在进行共享合作时，更公平地体现企业的实际情况。通常，实力越强的企业该指数分越高，因为一旦发生问题，它也有能力承担相应的责任。

◎ 项目：百家号作者发布的优质文章越多，分数会越高。同样，企业参与资源共享的好项目越多，分数会越高，但只计算已经开展的项目。

◎ 参与度：这个参与度与项目并非同样的维度，主要在于企业积极参与，积极沟通，即使不成功的项目也可以计分。

◎ 伙伴评价：像许多消费者对商家的评价一样，伙伴的评价是企业指数的重点指标之一。

◎ 平台评价：平台顾问对企业的评价也会成为企业指数的一项指标，也可与伙伴评价结合起来作为一项指数。

◎ 认知度：企业对共享项目的认知能力。如果认知能力强，说明企业完成项目的可能性较大，避免浪费大家的时间。

◎ 项目质量：企业达成资源共享项目预期目标的程度，以实际收益与预期收益的对比进行计算，得出该指数分。

◎ 创造力：企业在资源共享项目中的创造力。例如，企业主动发掘自己的真实需求。

（二）收益计算

上一章已经介绍过如何计算预估收益和实际收益。这两种收益各有很多种计算方式，可能让人感到有些复杂。因此，平台若能提供一种智能化的工具，直接帮用户找到最优的算法，将大大减少企业和平台顾问的工作量。

平台要根据不同的共享方式采用不同的计算方法，并且计算结果要真实可靠。这一部分内容也许需要等到平台积累了足够多的数据，才能做到高效准确。在前期缺乏数据的情况下，需要由平台顾问依据经验进行判断，在项目中积累经验，不断进行优化与完善。

（三）项目合理分配

企业级共享平台在将共享项目自动推送给平台顾问时，需要充分考虑实际情况，做到合情合理。我们将一些简单的原则列出来，平台根据这些原则即可实现合理分配。

➤ 项目地点就近原则。首先依照就近原则进行项目分配，如广东发生的共享项目不会自动推荐给远在上海的平台顾问。

➤ 当前项目数量。平台运营一段时间后，能了解每个平台顾问每天及每月能处理的项目数量，尽量让每个平台顾问处理的项目数量接近。

➤ 当前项目难度。项目的难度不同，所需要花费的时间、精力也不同。平台并没有细分每个项目的难度，因此这一点可以参考当前项目的预估收益和共享模式。

此外，如果分配不合理，则平台顾问可将项目移交给他人。

尽管企业级共享平台将尽量提供更多智能化功能，但对于企业来说，这些操作还是很复杂。不过，企业只是利用闲置资源创造额外价值，并非花费人力、物力、财力去完成各种订单。如果一次简单的共享项目能赚取 100 多个员工连续几个晚上加班加点才能赚取的利益，那么复杂的操作就显得微不足道了。

第五节
行业是否会跑出独角兽

在互联网时代，一个行业独角兽的诞生，必然建立在一个可行的、用户接受度高的且能够给用户带来良好体验的平台之上。然而，一个平台要想长期独领风骚，还要在运营中持续保持特色、体现价值、创新技术，为用户创造真正的价值。

一、行业是否会出现独角兽

在一个前景被广泛看好的新行业，出现独角兽级别的平台确实值得期待，但要想实现这一目标并不容易，企业级共享平台需要做好以下几方面工作。

（一）建立良好的口碑

建立良好的口碑意味着用户主动帮你做宣传，它代表了营销战略的最高境界。良好的口碑无法由企业自己掌控，企业必须依靠长期的经营才能逐步赢得用户信赖。

1. 价值

企业对平台的最基本要求，是平台能给其带来价值，包括有形价值和无形价值。没有价值的平台毫无吸引力，也毫无竞争力。

淘宝的价值是什么？消费者足不出户就能购物，商品琳琅满目、购物体验良好、价格更低、退换货有保障等。

猪八戒网的价值是什么？企业能方便快速地找到服务商，价格更低，服务质量有保障等。

腾讯商城曾经也有数十万个店铺，尽管它利用 QQ 做了大量的宣传，但消费者并不买账，最后不得不偃旗息鼓。拼多多依靠更低的价格吸引消费者，迅速崛起。

企业级共享平台的核心价值是"企业之间利用闲置资源创造价值"，包括创造更多收益、降低成本及创造无形价值。企业级共享平台在运营过程中，要让企业用户切实体会到这些价值。

2. 诚信

企业是否值得信任并不是它自身标榜的"诚信"二字，而是在持续不断的商业活动中建立起来的信用。

诚信包括诚实、诚意和信誉。

诚实就是不能弄虚作假，不能为了吸引用户而发布虚假的消息，或者进行虚假宣传。许多平台难以为继就是因为虚假的东西太多，一步一步把用户推向竞争对手那里。在早些年，携程旅行网能在处于劣势的竞争中后来居上，诚实是其成功的第一要素。当时，某些旅行网在航空公司和酒店给平台的价格的基础上再加价，增加了用户的成本。用户一对比，孰好孰坏一目了然。平台如果为了短期利益弄虚作假，等于自掘坟墓。

诚意体现在对用户的尊重上。人们非常反感那些每天自动跳出来的广告。做广告没有错，但影响到用户体验的广告只会使用户厌烦。

诚实和诚意能给企业带来信誉。如果平台要求企业要有信誉，而自己却缺乏信誉，便完全没有立足之地。

（二）四维度战术

四维度是指速度、广度、深度和用户忠诚度，这是从平台和用户体验两方面考虑的。

1. 速度

速度就是比对手更快、最早地进入市场。人们很容易记住第一名，所以，如果你是领跑者，就不要给对手机会。如果实在无法做到，那么，留给对手的空间要尽可能少。你要在竞争对手入局之前，或竞争对手还没有大范围行动之前先占领市场。

2. 广度

广度意味着横向扩展，包括产品和服务线的扩展及用户群的扩展，将产品或服务在能力许可的情况下尽可能地延伸到更多的目标客户。淘宝将互联网购物扩展到了所有的商品，这样就容易吸引更多的用户。如果潜在用户今天没有成为你的实际用户，那么明天就可能成为你的竞争对手的用户。

无论哪种平台，流量和数量都是关键。现在存活下来的很多平台都经历过一段亏本经营的时间，依靠这段时间吸引大量用户。

3. 深度

深度即纵向扩展，通常在某一领域内不断优化，形成战略优势。深度适合后来者，如京东就是依赖物流网络优势，逐渐抢占了阿里巴巴的一些市场份额。

4. 用户忠诚度

用户忠诚度代表给用户好的体验，让用户满意。用户忠诚度高的平台能带来良好的口碑，从而吸引更多用户加入。靠用户忠诚度后来居上的例子非常多。

平台要提高用户忠诚度，不能总依赖给用户提供各种优惠、补贴，否则一旦优惠和补贴消失，就会造成用户的不满。2011年前后，各个团购网站竞争异常惨烈，不少团购网站甚至贴钱吸引用户加入，例如，西餐厅给团购网站的价格是一份西餐38元，而有些团购网站以28元的价格吸引用户，给每个用户补贴10元。然而，任何平台，如果不能维持良好的用户体验，都无法持续太久。一些网络平台重复性太高，并没有太多的创意，导致最后只能靠贴钱吸引用户。这种方式虽然会给用户带来一时的利益，但如果不能长期持续下去，用户通常会流失。

不过，企业客户与个体消费者有些不同，流量的重要性次于用户体验。通常企业客户的单次成交额远远大于个体消费者的单次成交额，所以，得到企业的信任并让它们忠实于平台才是重中之重。要得到它们的信任，最重要的一点就是让它们获益。

速度、广度、深度和用户忠诚度四个方面很难同时达到最佳状态。绝大多数平台在运营前期无法同时顾及这四个方面，都是优先选择其中比较重要的或更适合平台本身的一至两项。

在互联网平台的竞争中，速度永远是最重要的，其他三项可根据平台的特点排列。你比对手更快一步，市场可能就是你的了。倘若你没有忧患意识，用户很可能投入对手的怀抱。

对于企业级共享平台来说，速度＞忠诚度＞深度＞广度。这点与其他平台不一样，因为企业级共享平台如果不能促成资源共享项目的实现，或者给用户的体验不好，无论覆盖的范围多广、用户群多大，最终也留不住用户。

（三）设立门槛

人们通常习惯在某个领域内使用某个平台，而不喜欢在同样的领域内使用不同的平台。在习惯了某个平台之后，用户一般都不会轻易转向另一个平台，除非有了不好的体验，或者在其他平台有了更好的体验。毕竟，注册账号，记住账号、密码，就够麻烦的了。所以，当平台已经具备足够的优势时，应该设立一些门槛，以阻碍竞争对手前来分一杯羹。

每一家企业都有自己的核心优势、领先的技术、优秀的服务、独特的设计等。企业自身的核心优势，对竞争对手而言则是门槛。企业应该尽可能地建立优势，同时也给竞争对手设立门槛。

企业可以建立的优势有许多种，如技术优势、资本优势、专利优势、规模优势等。

但有一种最重要的优势，对其他对手而言也是无法打破的门槛——合作门槛。

我们知道，滴滴出行背靠"几座大山"（参与投资的实力机构），尽管在它的顺风车业务出问题后，有一些共享出行移动应用乘虚而入，但要想撼动它的市场地位难度太大。企业级共享平台也可以找"几座大山"帮忙。

（四）避免恶性竞争

众所周知，在滴滴出行成为行业独角兽之前，曾有三家网约车出行平台相互竞争，另外两家分别是美国出行巨头与百度公司联手的优步中国及阿里巴巴公司投资的快的出行。后来滴滴出行分别与这两家公司合并，真正成为共享出行领域的独角兽。三家企业当时的竞争异常激烈，几乎总是在砸钱，以此吸引司机和用户加入，每家企业都想在竞争中脱颖而出。最后，以合并的方式结束了这种局面。

这样做明显有好处，因为竞争过于激烈既不利于企业的良性竞争，也不利于整个行业的长远发展。

（五）抛弃市场细分

前文谈到共享旅游时我们提到一点，一旦旅游生态圈建成，就可以抛弃市场细分理论了。对企业级共享平台来说也是如此。

当然，不是说市场细分理论没用了，只不过在成功的平台下，市场细分理论已经失去了它的价值。近年来，一些集中度较高的平台逐步淡出人们的视野，如奢侈品平台、女性时尚平台、儿童玩具平台等，这表明差异化战略在互联网平台上不适用。

二、以资源共享的方式运营平台

本书介绍的是利用闲置资源创造价值，并以这样的方式构建和运营企业级共享平台。现在，让我们畅想一下，到底该如何实现这个目标。

构建和运营企业级共享平台有两个过程，我们可以将其看作一个资源共享的项目。因此，我们不能将构建和运营分开，而是从一开始就要全盘考虑。

（一）资源分析

首先，我们看看构建和运营一个企业级共享平台需要哪些资源。

1. 知识资源

知识资源是企业级共享平台最关键的资源，包括编程技术、界面设计、人工智能、项目管理等多种知识资源。这些知识资源被嵌入企业级共享平台的规划、编程、测试、试运营等一系列过程之中。

当然，还需要那些配套的知识资源，如法律、风险管理、尽职调查等资源。

2. 专业人员

专业人员是拥有以上知识资源的人才，以及提供各种辅助作用的人员。平台顾问也应当参与平台的构建。法律顾问在平台的构建和运营过程中提供必要的法律支持。此外，其他各种辅助人员也是必不可少的。

3. 资本

所有的平台都需要资本做后盾。企业级共享平台的构建和试运营可能需要很长一段时间，正式运营后也可能有相当长一段时间没有收入，或者收入不足以维持企业级共享平台的正常运转。因此，储备和吸收更多资本极为关键。

4. 企业

企业是在企业级共享平台的运营过程中最重要的资源，是企业级共享平台的用户，没有用户的支持和认可，平台将难以为继。虽然企业级共享平台可以在运营的过程中逐步获取用户，但一个新的平台远远不如一个已经有了一定用户的平台具有优势。即使新平台抢占先机，也可能因为吸引用户的过程漫长而被后来者追上。

5. 推广渠道

企业级共享尚未被多数人接受，可能存在较长的市场培育期，这就需要通过市场推广为平台做宣传。

6. 其他资源

以上 5 种资源是企业级共享平台所需的核心资源，平台还需要其他配套资源，如办公空间、办公设备及办公用品等。

（二）确定所需资源

我们可根据对以上资源的分析，了解自身拥有的资源及缺少的资源，但缺少的资源并非都能通过利用闲置资源的方式取得。我们需要标记每一种资源的获取方式。

显然，构建和运营一个企业级共享平台需要多个企业组建基于核心资源的战略联盟。要加入这个战略联盟，企业必须具备一定的实力并拥有某种核心资源。

前面说过，在战略联盟中，共享配套资源意义不大。因此，配套资源最好以租赁或购买的方式取得。

战略联盟虽然不排除资本共享的可行性，但由于企业级共享平台有一个相当长的开发和运营过程，平台无法以借款的方式维持平台运作，因此，资本的加入只能是正常的投资行为，而非共享或借贷。

此外，其他客户资源、渠道资源、知识资源及拥有核心知识的专业人员都可通过共享的方式取得。

（三）找到合适的伙伴

我们可以根据资源需求分析的结果寻找合适的合作伙伴。每一个企业拥有的优势资源都不尽相同，因此，从多个方向去寻找资源会更容易。

一些以企业为目标用户的平台已经拥有了固定的用户群，如有可能将用户群直接移植到资源共享平台中，将大大节省市场培育的时间和费用。

企业通常需要多找一些潜在的合作伙伴，以便设计备选方案。所有的目标对象都可以按优先顺序排列，然后再与各方接洽。

当找到足够多的合作伙伴时，需要建立功能型团队，要以团队合作的方式构建和运营企业级共享平台。

或许，很多人认为这种方式叫作资源整合，但我们更喜欢称为资源共享。至于能否成功，最好的检验方式就是实践！

第六章

看全球：企业级共享经济时代的新机会

在前面五章中，我们已经小心、谨慎地从多个方面对企业之间进行资源共享的可行性、必要的步骤、潜在风险、实现方式等进行了解析，现在，请允许我们大胆地展望它的美好前景。

在第一章中，我们谈到企业级共享经济的发展现状，以及一些有利因素和不利因素。在此，我们从宏观角度再做一些补充，探讨企业级共享经济面临的问题和解决的方式，合理引导企业级共享的健康发展，并对行业未来的发展前景与格局做出合理预判。

第一节
七大阻碍与实现路径

○●

企业级共享是一个新的历史命题，它既是新时代经济发展的产物，也是互联网时代信息技术、物流技术、大数据、人工智能等不断融合的产物，其逐渐得到重视，但还没有相应的发展规范，也没有被纳入相应的重要产业目录。

一、应该破解的几大障碍

当前，发展企业级共享已具备了一定的现实条件，但人们仍然担忧以下问题：它的未来发展趋势到底怎样？全社会企业之间的资源共享是否有新的契机？闲置资源的充分利用存在哪些障碍？只有对这些问题进行孜孜不倦的探索，出台相关政策，才能更好地促进企业之间闲置资源的高效利用，更好地推动企业级共享经济的快速发展，让全社会分享到企业级共享经济带来的红利。

任何新事物的诞生与发展既有其合理性和必然性，也会受到制约。企业级共享是在社会经济发展到一定阶段后，涌现出的新事物和新的经济现象，它既体现了企业之间合理有效利用资源的迫切要求，也反映了整个社会经济发展的一种必然趋势。因为人类社会的资源是有限的，人们追求的目标就是实现各类生产资源及其要素的综合平衡利用，减少资源不合理占用及资源浪费现象。人类社会经济不断发展壮大的过程，事实上也是各类资源的高效整合与利用的过程。唯有实现了各类生产要素和社会资源的有效整合与利用，才能不断降低企业的生产经营成本，实现效益的最大化，最终推动人类社会经济增长方式的不断变革和优化，实现经济高质量增长的目标。

随着时间的推移，我国进入世界 500 强企业的数量不断增多，中国企业在全球市场的竞争力不断增强，中国成为全球第二大经济体，这一切既是科技进步的结果，也是社会经济资源利用率大幅提高的结果。

由此可见，一个国家未来经济发展速度的快与慢，经济增长质量的高与低，都离不开各种资源，尤其是企业资源。如果企业的闲置资源能得到充分利用和高度共享，则必然会为经济高质量发展创造有利条件，进而助推社会经济加速发展。

事实上，如果我们把视野和格局放大，就会发现，不仅我国企业之间需要充分利用闲置资源，不同国家之间也需要相互共享闲置资源。从整体来看，企业发展是一个共生体，具有一荣俱荣、一损俱损的内在有机联系。只有各国企业共同参与，才能更好地为全球经济发展奠定坚实基础。

那么，目前企业级共享到底还存在哪些困难？只有将这些问题弄清楚之后，才能对症下药，为企业之间充分共享资源创造有利条件，提供良好的契机。

企业的闲置资源要想在同类企业之间、不同行业之间有效共享，需要企业、政府和社会等多个主体共同努力，否则，即使企业有再多的闲置资源，也无法创造新的价值，甚至会形成恶性循环，造成资源浪费。

就目前而言，企业级共享有 7 大障碍需要破解。

（一）生产技术不对称

由于产品生产技术属于企业核心商业机密，不可轻易外传，而且企业之间还有生产技术性壁垒，这就使企业级共享存在较大的技术障碍。企业之间要么不愿将闲置资源共享，担心共享导致生产技术被泄露，对企业自身生产经营不利；要么认为不同的生产技术存在较大的差距，即便共享也难以发挥出实际的价值，不少企业面对资源共享存在畏难情绪。

（二）尚存在一定的局限性

企业级共享需要有一个连接共享各方的有效介质，这个介质可以是市场交易渠道、个人或企业级共享平台。市场交易渠道所能交易的闲置资源目前大多是长期闲置的资源，如闲置的物料、成品、机器设备等。个人的资源极为有限，只能在小范围内依托自己的人际关系实现共享。企业级共享平台的未来值得期待。此类平台的逐步发展壮大，既是经济发展的客观要求，也是科技发展的必然趋势。

在共享员工尚未出现之前，许多创业者试图打造真正意义上的企业级共享平台，但由于一些原因，这些平台至今无法实现真正的资源共享。由于这些平台的局限性，企业大量的闲置资源得不到有效利用，无法实现系统性和全方位的共享。

放眼全球市场，受贸易壁垒及贸易摩擦等诸多因素的影响，全球范围内的企业级共享尚在襁褓之中。未来，各国政府及企业之间需要达成共识，积极探索，共同迎接光明的未来。

（三）企业经营理念与观念滞后

关于企业的经营观念，我们在分析实现企业级共享经济的不利因素时提到过。同一国家的不同企业、不同国家之间的企业、企业在不同的发展阶段都有不同特点。企业由于受到经营理念及观念的影响，对资源共享的态度是不一样的。

此外，企业也有一些"心病"：一是怕枪打出头鸟，没有胆量迈出第一步，怕共享资源之后违反相关政策规定而受到处罚，从而影响企业的前途；二是受到经济体制的影响，许多企业受到限制，抱着多一事不如少一事的态度，将闲置资源束之高阁；三是一些企业管理人员思想僵化、因循守旧，喜欢按照传统思路经营企业，创新意识不强，对资源共享缺乏主动性和积极性。

企业之间的这些"心病"如果得不到有效解决，企业级共享经济的发展就会受到较大影响。

（四）企业之间需求信息不对称

企业级共享尚处于萌芽状态，资源共享的渠道尚不发达，同一国家和不同国家之间，企业级共享的需求信息还处于模糊不清的状态。在此环境下，企业级共享的需求信息是不对称的。

这种不对称主要表现在三个方面：一是全国企业有哪些闲置资源、又有哪些闲置资源可共享，目前尚不明确；二是全国企业级共享需求数量到底有多大，资源共享之后能给企业带来多大的收益，以及有什么样的风险，目前没有切合实际的数据；三是企业级共享何时能大规模开展、成功的可能性有多大，目前仍然是未知数。

企业级共享的需求信息必须对称，这是顺利实现共享的必要条件。信息不对称，就无法使潜在需求变成现实需求，无法使需求企业与供给企业之间产生实质性的共享关系，资源就难以大规模地实现共享。

（五）地方保护主义影响

企业具有两面性，既有自我发展逐利的一面，也有承担社会责任的一面。企业不仅受到自身发展潜能、市场因素的影响，更会受到来自种种行政因素的干预。尤其是在发展前期，企业级共享很难独立开展，企业的自主权有限。

在这样的环境下，资源共享涉及社会的方方面面，只有当社会各界都能向企业的闲置资源伸出"橄榄枝"时，企业级共享经济才有可能成为现实。

从全球范围来看，国与国之间的企业受市场竞争力、知识产权保护、维护本国企业权益等因素影响，加之贸易壁垒森严，各国法律制度存在差异，各国之间的资源共享更是面临重重障碍。

（六）不同制度制约发展

目前，全球数量庞大的企业分散在全球 230 多个国家（地区），各国家（地区）的政治制度、法律制度等不同，一些闲置资源在一个国家允许被共享，在另一些国家则不允许被共享；有些闲置资源可能在一些国家受到民众欢迎，在另一些国家则有可能遭到抵制。

正是受到不同国家（地区）之间多种因素的影响，使企业级共享遇阻，闲置资源白白被浪费，影响整个社会资源的高效利用。

（七）受到资本实力的制约

造成企业资源被闲置的因素有很多，如技术因素、市场因素、人为因素等，企业可以利用闲置资源创造价值。

闲置资源的价值需要参与共享的各方达成一致。一些企业有意将闲置资源共享出去，但如果价格过高，则偏离了资源共享本来的目的，找不到合适的资源需求方，就无法实现资源共享。如果价格过低，资源供给方有可能因无法给自身带来理想的效益而放弃共享。

因此，企业级共享需要统筹资金供给，在共享上虽然以企业自主决策为主，但也需要第三方平台担任中间的沟通方，对企业加强引导，以便让闲置资源以一个公平合理的价格被共享。

二、有效路径

尽管当前企业级共享经济还处于萌芽状态，存在诸多障碍，要步入快车道还有一定距离，但并不意味着企业级共享经济无法实现。既然企业之间基于人际关系的小范围资源共享早已存在，那么扩展到企业级共享也一定有其有效的路径。只要共享能给企业带来收益，企业会尽最大努力去完成这项新任务。

从当前看，企业级共享的有效路径主要表现在四个方面：

1. 企业之间的沟通与联合，将为资源共享打开新局面

过去，不少国家的国内市场相互分割，地方保护主义盛行，不要说闲置资源的共享，即便是产品的相互流通与交易都面临困难。如今，国内市场壁垒被打破，企业之间的协作与交流不断加强，这为企业级共享奠定了坚实的基础。随着全球经济一体化程度加深，各国企业都想获得更好的发展，这为企业级共享带来了更多可能。

2. 5G 及未来的新兴技术，将为资源共享打开一条有效通道

过去，由于技术不发达，一国不同地区之间、不同国家之间，企业的闲置资源无法及时进行披露，资源需求信息也无法实现有效对接。

如今，进入 5G 时代，5G 的泛在网、万物互联等特征，使大数据的处理能力及传播能力大大提升，能让本国企业之间、跨国企业之间的闲置资源信息更加透明、公开，能为企业级共享提供有效的对接"桥梁"，并打开一条有效通道。

3. 经济不断发展，将为闲置资源共享提供有效推力

社会经济发展的历史，是一部各类资源整合能力不断提高的历史，更是经济增长方式不断由低级形式向高级形式转化的历史。在经济发展过程中，企业作为经济活动有机组成部分，是极为重要的一环。充分利用好闲置资源是企业不断走向强大的内在要求，也是社会赋予企业的重要使命。企业应不断超越自我，资源共享也将成为不可逆转的历

史潮流。

4. 政府将为企业级共享经济的发展营造有利的环境

目前，各国企业按照政府制定的宏观经济发展目标，不断推进产业结构调整和产品转型升级。当 5G 被广泛运用之后，政府将在引导企业发展、帮助企业向着高质量发展等方面发挥越来越重要的作用。

可以预计，随着各国政府和企业的共同努力，未来企业进行资源共享的障碍将越来越少，会营造出有利于企业级共享经济发展的环境。

第二节
行业发展的新方向与新机会

●

虽然面临一定的困难，但经过全方位多角度分析，我们认为，企业级共享平台及其代表的企业级共享经济，很有可能成为未来经济发展的新方向，将为社会、平台、企业、个人等多方面带来意想不到的惊喜。

基于对各种资源和多种共享模式的探讨，未来，可能会出现多个不同类型的企业级共享平台。这是一个非常大胆的设想，如果这种设想成为现实，那么将为行业发展开辟新方向，带来新机会。

一、发展新方向

随着互联网的普及及全球企业加快发展步伐，各类企业大力推进产品更新换代、转型升级，为企业级共享的范围扩大、数量增加、营运模式创新等创造了有利条件，更为企业级共享规模的不断扩大创造了巨大的商机。未来，企业级共享平台将呈现出多样化特征。

（一）发展特点

展望未来，企业级共享平台出现如下新的发展特点。

1. 共享范围呈不断开放之势

由于信息高度透明，全球任何一家企业如果愿意，都能在企业级共享平台上发布自己的资源让渡需求和使用需求，然后按要求找到自己的共享伙伴。

2. 大部分资源共享的项目都可搬到线上进行

过去那种以人际关系为纽带的共享模式将会逐步减少，通过企业级共享平台进行资源共享将成为主要方式。

3. 共享概率将大幅提高

由于信息传播速度快和对称性高，供需双方都能快速、准确地找到所需的闲置资源，大大提高共享效率。

4. 用于共享的闲置资源种类、数量将不断增加，规模也将不断扩大

科技的发展和生产水平的提高将会催生越来越多的闲置资源，使平台共享的闲置资源种类日益丰富。在企业级共享平台的支持下，共享的资源突破了人际关系的障碍，参与共享企业的数量不断增加，用于共享的闲置资源种类及数量也会不断增加。

5. 共享模式不断创新、共享方式不断增加

随着各种有形的闲置资源与无形的闲置资源相继出现，闲置资源的共享方式也处在不断变化与发展之中，共享模式也会在实践中不断创新，推动全球企业的良性互动和经济社会的全面发展。

（二）表现形式

互联网让过去的许多不可能变为可能。企业级共享平台未来的表现形式如下：

1. 跨地域功能不断增强

本地区、本国与全球的企业级共享平台各自独立又相互连通，联系日益密切，通过云计算、大数据等新技术的超强运算与匹配能力，大大突破地区之间、国与国之间资源共享的种种限制，使企业级共享的时空限制被突破。同时，随着规模效应显现，平台的运营成本不断下降，资源共享的匹配能力不断提高，企业级共享平台的各种功能将日益完善，其作用将得到充分发挥。

2. 智能化水平不断提高

未来，企业级共享平台的智能化水平将不断提高，且资源共享的应用场景也将不断增加，庞大的企业闲置资源能更好地被利用。企业级共享平台收集全球企业闲置资源信息，将这些信息提供给有共享需求的企业，可让企业根据自身的能力、生产发展状况和市场前景等在智能平台上顺利实现共享，达到企业之间互利共赢的目的。

3. 渗透辐射效能不断增强

企业级共享平台能够突破地域限制，智能化水平不断提高，企业级共享的渗透能力及经济辐射效能也将不断增强。未来，企业级共享平台将会触及企业所有闲置资源的神经末梢，能敏锐感知企业闲置资源的需求状况及市场变化，除了能促进资源顺利实现共享、提高共享成功率，还能提供最优方案，根据企业发展现状及未来经济发展前景，为企业提供科学的闲置资源共享方式。

4. 共享主体越来越多

各国政府及企业将充分意识到企业级共享的重要性及其可能产生的作用，加之制度规范性条款越来越完善，企业级共享的国际环境将会不断优化，各类共享平台不断增加，并为全球化的企业级共享提供适宜的环境，让越来越多的企业对资源共享产生信任感和依赖感。企业级共享直接关系全球企业资源的有效利用和合理配置，谁能够将闲置资源快速合理地共享出去，就能掌握企业发展的主动权及市场竞争的话语权。这会将全球大量具有闲置资源的企业吸引到企业级共享平台上来，使参与企业级共享的市场主体越来越多，推动全球企业级共享走向繁荣，也为保护人类生态环境提供有利条件。

（三）企业级共享平台要解决的问题

企业级共享平台虽然能为企业提供广阔的发展空间和有利的发展环境，但它不是尽善尽美的。目前，企业级共享平台需要特别注意三个问题。

1. 闲置资源的价值评估

线上交易具有虚拟性，在实现资源共享的过程中，供需双方，尤其是资源需求方难以准确了解闲置资源的质量和价值，容易给各参与方带来一定的难度。

2. 闲置资源良莠不齐，以次充好或以假乱真等行为难以避免

网络虚拟性的特点使网上交易存在一定的不真实性，一些企业可能会通过包装将闲置资源以次充好，或故意夸大闲置资源的价值，会在很大程度上扰乱市场秩序。这种现象一旦出现，容易使企业之间的信任受到破坏，使企业级共享经济受到质疑。

3. 监管制度不明确

目前，很多国家对于哪些该管、哪些该放手、哪些该禁止甚至打击，都没有明确规定，参与共享的企业和企业级共享平台对很多行为也很难

把握尺度，容易滋生违规甚至违法乱纪行为。如果出现这些问题，则会导致资源共享出现"劣币驱逐良币"现象，会给整个行业带来负面影响。

二、发展新机会

要想实现企业级共享，离不开技术进步。离开了技术，企业即便有再多的闲置资源，也只能在小范围内进行共享，难以发挥出更大的价值。

构建企业级共享平台的方式有很多种，可以按行业构建，如携程旅行网构建的旅游生态圈最好建立在企业级共享平台之上；可以按资源构建，如利用资本资源共享平台取代现有的网络贷款平台；也可以按特殊的共享模式构建，如供应商整合中的资源共享；还可以按地域构建。

（一）按行业构建

按行业构建的企业级共享平台，除了服务于资源共享，更重要的是服务于构建"行业生态圈"。

行业生态圈是一个多维的网状体系，由各行业相关的企业和资源组合而成。它体现了产业可持续发展的特征，是一种新的产业发展模式。它的多维体系包括生产维、科技维、服务维、劳动维、相关的基础设施及公共维或政府维。

我们试着用前面介绍过的"旅游生态圈"来阐述。

携程旅行网要携手旅游行业中的众多中小微企业，通过整合各种旅游资源，充分利用企业间的闲置资源，共同打造"旅游生态圈"。在整合相关旅游资源的同时，需要大规模、大范围地共享闲置资源，减少资源浪费，降低成本，并确保圈内的每个企业都为游客提供高质量的服务。例如，一旦有导游威胁游客甚至侵犯游客人身权利，可以立即终止该导游的服务，甚至对其进行全行业封杀。同时，还要确保圈内的每个企业都能获取合理的利润，企业级共享平台不能因自己所处的主导地位而忽视他人的利益，这样容易将不良情绪转移给游客。

确切地说，这张网已初具规模，各方之间都相互整合，不过更多的是以服务外包的方式，而非资源共享的方式。例如，酒店房间、交通工具的低价是根据旅行社与酒店、航空公司的协议，并非完全充分地利用闲置资源。景点经常处于超负荷运转的状态也使旅游行业的资源未能得到充分有效的配置，游客有时候在景点门口不得不排队等候很长时间。

以上种种影响游客满意度的现象在企业级共享平台的协调下都将不复存在，或者极少发生。新型旅游生态圈将重新构造旅游模式、重新配置旅游资源，在充分利用各中小微企业闲置资源的同时，优化服务质量，提升服务水平，降低各种成本，让整个旅游行业向着健康有序的方向发展。

（二）按资源构建

按资源构建企业级共享平台相对简单，属于单向共享。这类企业级共享平台像供需平台、企业服务外包平台那样，具有高度标准化的特征，且并不需要平台顾问，客服完全可以代替平台顾问。但这种方式有一个不足：较容易被其他更大、综合性更高的企业级共享平台取代。如果共享员工的企业级共享平台建成，而没有横向扩展，增加更多资源，那么那些提供更多资源、更多共享模式的对手很容易将它吞并。

当然，如果某项共享资源的市场容量足够大，企业横向（指地区延伸，而非产品线延伸）和纵向的延伸足够广，服务足够专业，则此类企业级共享平台还是有发展空间的，如资本共享平台、知识资源共享平台。但这也对企业级共享平台提出非常高的要求，其要在运营过程中储备足够的实力防止被对手吞并。

（三）按共享模式构建

还可以按共享模式构建企业级共享平台，例如，按供应商整合的方式构建企业级共享平台，居于核心地位的企业通过连接各级供应商，实现资源共享。此类企业级共享平台既可以为一个大型集团整合供应商，也可以为多个中小型企业整合其共同的供应商。它的功能必须非常强大，甚至超过按行业构建的企业级共享平台。

也许有人认为一套 ERP 软件更方便高效，确实，它更像一个庞大的企业内部网络。但是，前面说过，资源共享与资源整合有一定的差异。一套 ERP 软件可以帮企业实现资源整合，但如果要与其他企业实现资源共享，则放在企业级共享平台上更合适。资源共享的各方是对等的，且各方要充分沟通，交流信息，而 ERP 软件主要是由企业自主操作的。在 ERP 软件里，虽然可以通过设定一些程序，开放部分权限，让企业的供应商有条件地访问企业的信息系统，但这在实际操作中存在很大风险，有可能泄露企业内部的重要信息。对那些联合起来整合供应商的企业来说，更无法以 ERP 软件对其进行管理。

（四）按地域构建

单纯按地域构建企业级共享平台，很难在市场竞争中取得优势，也极容易被对手吞并。不过这种方式也有它的优势，即构建地区品牌或城市品牌，如前文谈到的"石狮制造"。整个企业级共享平台要服务于城市品牌，然后通过城市品牌让企业受益。

要想实现此类企业级共享平台，地方政府与行业协会的参与必不可少。企业级共享平台要通过资源共享，充分挖掘城市品牌的核心价值及衍生出来的周边价值。构建城市品牌，不仅要突出城市形象，还要将城市品牌的元素、自然资源和文化资源融入一系列产品和服务之中。平台应充分发挥企业优势和资源优势，让企业积极参与到城市品牌建设中，全方位地构建城市品牌生态系统。

企业级共享经济是一种新生事物，适合当前社会经济发展的需要，为企业优化资源配置、降低成本、提高效益提供帮助，必将为未来社会经济发展增添一道亮丽的色彩，更将成为全球经济不断发展的重要推力！

第三节
行业到底靠什么做大做强

◖◗

众所周知，一个新的商业模式要想切实可行，一个重要前提是市场
足够大，盈利空间诱人，企业级共享经济也是如此。那么，未来企业级
共享经济做大做强，到底靠什么呢？

一、万亿级市场的诱惑

尽管我们前面探讨的重点都是利用短期的、阶段性的及无形的闲
置资源创造价值，不过，在从宏观上探讨如何引导企业级共享经济健
康发展时，有必要将长期闲置资源纳入其中，主要包括长期闲置的空
间资源和物品资源。一旦能盘活长期闲置资源，将大大拓宽企业级共
享的规模。

目前，我国及全球的企业闲置资源数量到底有多大，还没有权威机
构进行过统计。闲置资源蕴含着巨大的价值和商机，一旦企业的共享欲
望被唤醒，便可撬动巨大的经济杠杆。

（一）我国企业闲置资源现状

目前，我国是世界第二大经济体，经济体量巨大，各行各业的企业
数量庞大。据 2019 年 9 月 20 日工业和信息化部部长苗圩在国务院新
闻发言会上透露，截至 2018 年底，我国中小企业的数量已经超过了

3000 万家，个体工商户数量超过 7000 万户，贡献了全国 50% 以上的税收，60% 以上的 GDP，70% 以上的技术创新成果和 80% 以上的劳动力就业。

据天眼查的数据，全国国有企业数量 1978 年还不足万家，2019 年 9 月已有 46 万家，2018 年全国国有企业资产总额为 178.7 万亿元。这几组数据表明，我国无论民营企业还是国有企业，数量都极为惊人，意味着闲置资源的规模也十分庞大。近年来全球经济疲软，加之产业经济结构调整，不少企业倒闭，由此产生的企业闲置资源更加丰富。据《上海证券报》2018 年 8 月 17 日披露，自 2015 年以来，我国企业的破产立案数量和审结数量分别为 24236 件和 14814 件。据 2018 年 11 月 7 日《经济日报》披露，截至 2018 年 9 月，我国国有企业约有 30% 以上的闲置资源被浪费，由此可见，我国企业闲置资源的规模极其庞大。

21 世纪初，由于经济形势发生变化，破产倒闭的企业增多，我国专业银行不堪重负，濒临破产边缘。为了挽救专业银行及推进银行商业化改革，我国先后成立了四大资产管理公司，剥离银行不良资产愈万亿元，实际上就是处置大量破产企业的闲置资源，之后一些省市成立地方资产管理公司，专门收购银行不良贷款及其他企业的不良资产（不良资产在很大程度上形成了闲置资产）。企业的不良资产及闲置资源，让资产管理公司赚得盆满钵满。

（二）全球企业闲置资源现状

从全球范围看，各国由于经济发展程度及科技水平的差异，发达国家、发展中国家及欠发达国家的情况有所不同。

企业闲置资源的多少与一个国家的社会经济发展程度、国家经济增长方式存在密切关系。通常来说，发达国家比欠发达国家的闲置资源少。这是因为发达国家基本实现了经济高质量增长，各类资源配置较为科学合理，所以闲置资源数量相对较少。欠发达国家由于经济增长方式大部分还处于粗放阶段，企业发展缺乏科学规划，资源配置不科学、不合理现象比较突出，容易形成更多的闲置资源。

从全球范围看，企业到底有多少闲置资源，目前尚无权威数据。如果数量庞大的闲置资源有一部分能实现共享，将给全球经济注入新的强大动力。

（三）新冠肺炎疫情再添巨量闲置资源

新冠肺炎疫情给全球各国民众带来了巨大伤害，同时给全球经济造成巨大损失。航空、电影、旅游等行业遭遇阶段性沉重打击，无数企业破产，数以亿计的劳动者失业，不过这也意味着全球企业产生了更多的闲置资源。

新冠肺炎疫情让很多企业陷入困境，面对危机，企业纷纷自救。有的企业主动转型升级，有的企业开始调整发展重心，有的企业抱团取暖，有的企业寻找合作伙伴，以实现资源共享。在此背景下，全球企业进行资源共享的意愿更加强烈。

二、政府的作用至关重要

从经济发展的趋势看，高质量的经济增长方式要求社会资源配置更加科学、合理、高效。各国政府将把处置企业闲置资源放在重要位置，这既是经济发展形势所迫，也是企业加速转型适应市场竞争尤其是国际市场竞争的必然要求。各国政府有必要制定相关政策，营造新的市场环境，为顺利推动资源共享创造条件。

（一）给各国政府的几点建议

为了更好地推动企业级共享经济健康有序发展，各国政府可以从多方面入手。

1. 中国

➤ 中央政府可将企业闲置资源共享列为重要经济工作目标，建立新的机构来推进资源共享。

➤ 地方政府可搭建各类资源共享信息交流与合作平台；加快科技在企业共享资源领域的应用，提高信息对称性与透明度，为实现资源共享提供准确的依据。

➤ 制定并完善与企业级共享有关的系列法规，提供法治保障。

➤ 打破地方保护主义的藩篱，建立畅通的资源共享渠道，消除各种障碍。

2. 其他国家

➤ 各国政府应搭建全球化的企业级共享平台，建立多边共享合作关系，使全球各类企业闲置资源能够进入专业共享平台。

➤ 各国政府应建立互通互信机制，让全球各类企业准确掌握闲置资源共享信息，制定共享计划，推进共享目标的实现。

➤ 各国应完善资源共享制度，以应对资源共享时代的到来。

➤ 将企业闲置资源共享纳入国际贸易，为全球性的资源共享提供保障。

➤ 召开资源共享国际交流会议和专业展销会，推动资源共享国际化、规范化，为激活全球性的资源共享提供机会。

（二）全面提高企业积极性

要让企业级共享成为现实，需要各国政府在政策上予以支持，全面提高企业参与资源共享的积极性，将企业级共享纳入科学规范的市场化轨道。

从我国的情况看，各级政府已逐步认识到了企业闲置资源共享的重要性。2018年11月1日，国家主席习近平在北京人民大会堂主持召开民营企业座谈会并发表重要讲话，强调了处置企业闲置资源的重要性，高屋建瓴地指出，必须盘活好国有资产。在2019年全国两会期间，河北省人大代表方建平提交了《善于盘活国有企业闲置低效资源资产的建议》，提出了很多富有建设性的意见。

我国企业要想实现闲置资源的充分、高效、全面共享，必须将闲置资源商业化、平台化、多样化。

因此，必须建立四项制度：一是社会监督机制，让所有共享资源进入法制监管范围，消除"真空地带"，防止出现暗箱操作漏洞，解决联手造假、内部交易、关联交易、随意评估，以及假招标、假拍卖问题；二是建立市场化的企业级共享平台，打破区域、部门、行业等界限，确保企业的资源共享在市场上畅通无阻；三是建立高水平的闲置资源评估机构，为企业的闲置资源测算相对合理的价格，防止恶意窜价问题；四是建立多主体市场共享机制，即参与企业级共享的主体既有国有企业，也有民营企业，推动公平竞争，让资源共享焕发出强劲的动能。

从世界范围来看，各国需要建立闲置资源共享机制。目前，全球性的企业级共享尚是一块处女地，等待开发，但由于各国的政治体制、经济制度、文化习惯差异较大，全球化的资源共享存在一定的难度。

因此，针对全球企业闲置资源共享可能存在的问题，各国必须达成共识，在推动全球企业闲置资源共享方面建立全球性框架，为全球化的企业级共享营造有利环境。

三、谨防"野蛮生长"

几年前，各种团购网站的混战和大量共享单车平台退出市场，让不少创业者和投资者仍心有余悸。近两年，"疯狂"的资本渐趋理性，但仍有部分机构存在投机行为，为了达到目的，不惜破坏商业市场和资本市场的规则，行业"野蛮生长"的事件时有发生。

（一）野蛮生长的表现形式

野蛮生长最突出的表现形式是恶性低价竞争，频频出现"低价导致低质"的现象。如果从企业级共享角度考虑，其他表现形式还包括只重视数量、不重视质量，忽视资源共享的本质，打着企业级共享经济的旗号，但并未有效利用闲置资源等。

对于一个刚刚出现的新行业来说，早期有一些野蛮生长的现象难以避免，监管部门也不知道如何去监管。而且，由于企业级共享经济蕴藏很多商机，会带来较大的财富效应，很多社会经济组织都想分得"一杯羹"，一些企业为了达到目的不择手段。因此，对于野蛮生长的问题，应该分两种情况理性看待。

第一种情况：初期可能会比较混乱。如共享机制不完善、监管不到位、参与共享的企业鱼龙混杂等。一些企业为了实现共享会进行不正当竞争，例如，为了将资源共享出去，采取低价"倾销"方式，对行业发展不利；一些企业急于出手资源，采取商业欺诈手段，隐瞒共享资源的瑕疵，或者采取利益输送等手段，导致闲置资源共享市场出现"劣币驱逐良币"的现象。更为严重的是，还有可能出现利用不正当手段，侵吞闲置资源的违法犯罪行为。

第二种情况：企业级共享的市场规模扩大之后会逐步走向规范化和法治化。随着企业级共享平台规模扩大及透明度提高，各国政府对闲置资源共享日渐重视，在资源共享过程中的各种不规范行为会逐步减少，这既是实现经济高质量增长的需要，也是企业不断适应市场竞争的需要。在政府与企业的共同努力下，任何使市场无序的行为都将受到有力监督，都会受到监管部门的严厉惩处，企业级共享经济朝着规范化、法治化方向发展将成为必然！

（二）引导良性竞争

要想实现企业级共享经济的良性竞争，必须优化市场竞争环境，加强监管体系建设，从而引导企业以品牌、信誉、质量、服务为主要竞争手段，提高资源共享的有效性。

➤ 成立服务于企业级共享的行业协会，其成员包括平台、行业领导者及众多中小企业。各成员均可通过各种方式参与行业规范与制度的起草和修改工作。

➤ 行业协会要发挥监管的职能，维护行业的共同利益。行业协会制定的办法和规范对于所有参与资源共享的企业都具有约束力。行业协会要建立价格信息通报制度、公平竞争信誉保证金制度、举报投诉受理处理制度、行业自律规范等制度来规范企业和平台的经营行为。

➤ 及时对资源共享中出现的违规行为进行调查。

➤ 要加强对自律规范执行情况的检查，监督和了解企业、平台对于自律规范的执行情况。积极推动同行相互检查和监督。对于违反自律规范的行为，要坚决按照相应规定进行处理。

行业协会要与成员共同维护企业级共享健康发展。

企业要想做大做强，需要讲诚信，企业级共享平台也是如此。若没有诚信，企业级共享将成为"无源之水"。各国政府及企业对资源共享重要性的认识不断深入，将会不断加强企业级共享的法治化建设，政府应建立规范化的市场运行框架，并建立相关监督机制，使全球企业级共享始终运行在健康轨道上。全球性的企业级共享将不断朝着良性化、规范化、有序化、法治化、市场化的方向发展，企业级共享将为全球企业转型升级、高质量发展带来新的机遇。

第四节
新空间、新动力、新模式

●○

在本章前几节，我们多多少少谈及了一些企业级共享经济的发展趋势。本节，我们把重点放在前景预测上。

当前，5G、大数据、人工智能、区块链等新技术层出不穷，乘着信息时代的东风，企业级共享经济有望在新时代，以新的业态，催生出更多新机遇，孕育出独角兽企业。

一、社会影响

共享闲置资源对企业而言是一种有益补充，行业、区域和社会一旦实现大规模资源共享，对国民经济的发展也将产生极大推动作用。

（一）带动就业增长

各国企业闲置资源较多，全球性的企业级共享将在未来呈现火爆局面。大量的闲置资源将催生多种类型的企业级共享平台，自然也会创造大量的就业机会。同时，企业利用闲置资源，也可将一部分人员转移到新的岗位，减轻企业负担，为企业轻装上阵、降低成本、推动改革创造有利条件。

资源共享规模的扩大，必将给全球民众带来新机遇。未来，通过共享企业闲置资源，产生的就业机会可能惠及上千万人。

（二）增加民众收入

对企业来说，共享闲置资源创造的价值是额外产生的，在增加企业收益的同时也能增加员工的收入，提高民众的生活质量。

同时，资源共享将带来一系列积极的连锁效应，国家和企业会在资源共享过程中累积财富，这对增加本国国民收入，推动经济发展产生重要的推动作用。

（三）改变民众观念

企业级共享会涉及社会的许多方面，不仅关系资源共享能否成功，也关系企业员工的切身利益。例如，一些关停企业的闲置资源如果要共享，必然与下岗员工的安置问题有关，容易遇到较大阻力。而企业级共享一旦形成气候，会改变人们现有的"下岗即失业"理念，人们会积极支持资源共享。

在 5G 时代，5G 的高速率、泛在网、低功耗、低时延、万物互联等特征，也为企业级共享提供了无限可能。

二、前景展望

（一）有望出现超级平台

各国政府及企业对企业级共享的意识不断增强，加之各种制度逐步完善，将会使越来越多的企业加入企业级共享的行列，寻找各自的发展空间。

当然，在企业级共享中既有协作，也有竞争。由于核心竞争力和资本实力不同，必然会形成"大鱼吃小鱼"的局面，兼并重组现象也会不断发生。在激烈的竞争中，将催生超级平台，产生两大新群体。

1. 行业"巨无霸"

行业机会日渐涌现，各路资本逐步进入，最终形成行业"巨无霸"。那些专门从事企业级共享经济的企业和个人，凭借其丰富的经验及对行业的熟悉程度，利用自身优势，将率先获得垄断优势。在企业级共享领域，前期可能会出现几个实力较强的佼佼者，后期也有可能合并成"巨无霸"。

2. 跨行业超级平台

闲置资源的种类和数量不断增加，参与资源共享的主体规模也会扩大，这为实现跨行业共享创造了有利条件。在此背景下，在企业级共享领域，有望诞生一批跨行业超级平台，其将在全球经济中扮演重要角色。

（二）催生新业态

在新技术、新理念、新思维的推动下，企业级共享有很大概率能够创造一个新的产业格局，催生一个新的经济时代，经济粗放发展的时代将逐步终结。在新时代里，共享的观念将逐步深入人心。

在这个新时代，资源共享的范围可以不断延伸，产业集群涵盖的内容越来越丰富，最后发展到"无所不包、无所不能"的状态，由此，催生新业态。

目前来看，可能出现的新业态主要体现在三个方面：一是政府批准的企业级共享中介组织。如共享会计师事务所、共享审计师事务所、共享律师事务所、共享交易市场、共享资产评估师事务所等，还有可能出现各类共享行业协会组织。这些新型的事务所、行业协会组织，将成为企业级共享经济健康发展的"保护神"。二是为企业级共享服务的新型金融组织或金融产品也将破茧而出。如专门为企业级共享服务的银行、为企业级共享服务机构提供融资的专门场所等。三是为企业级共享服务的各类人才招聘机构将大量涌现，由此，将会催生各类共享专业培训机构和猎头机构，大学有可能会开设企业级共享课程。

在新时代，共享平台让大量闲置资源得到利用，有效解决了资源配置不合理的问题，为企业降低生产经营成本提供帮助，同时大幅提升了闲置资源的财富效应，很多具有敏锐市场嗅觉和较强资本实力的企业家获得了新机会，成为新时代的宠儿。

图书在版编目（CIP）数据

企业级共享：数字化时代的绿色发展之路 / 莫开伟，李庆植著. 一北京：电子
工业出版社，2021.3

（数字化生活. 新经济）

ISBN 978-7-121-40730-7

Ⅰ. ①企… Ⅱ. ①莫… ②李… Ⅲ. ①企业经济－信息资源－资源共享－研究

Ⅳ. ①F272.7

中国版本图书馆 CIP 数据核字（2021）第 042414 号

责任编辑：杨雅琳　　文字编辑：刘甜

印　　刷：涿州市京南印刷厂

装　　订：涿州市京南印刷厂

出版发行：电子工业出版社

　　　　　北京市海淀区万寿路 173 信箱　邮编　100036

开　　本：720×1 000　1/16　印张：19　字数：256.7 千字

版　　次：2021 年 3 月第 1 版

印　　次：2021 年 3 月第 1 次印刷

定　　价：78.00 元

凡所购买电子工业出版社图书有缺损问题，请向购买书店调换。若书店售
缺，请与本社发行部联系，联系及邮购电话：（010）88254888，88258888。

质量投诉请发邮件至 zlts@phei.com.cn，盗版侵权举报请发邮件至
dbqq@phei.com.cn。

本书咨询联系方式：39852583（QQ）。